Madrid

Manuel García Blázquez · Maria Anna Hälker

Diese Symbole im Buch verweisen auf den großen Cityplan!

DUMONT
direkt

Bienvenidos – Willkommen

15 x Madrid direkt erleben

Zu Gast in Madrid

Bienvenidos – Willkommen

Unser heimliches Wahrzeichen

Was ist nur an ihr dran, der Göttin der Fruchtbarkeit und Erde? Da thront sie als marmorne Brunnendame in einem von Löwen gezogenen Karren inmitten einer der verkehrsreichsten Kreuzungen der Stadt. Kybele (span.: Cibeles) hat eine magische Anziehungskraft, und wohl deshalb treffen sich hier auch die Fans des Fußballclubs Real Madrid nach siegreichen Spielen mit einem einzigen Ziel: hoch zur Göttin, dort die Fahnen hissen, Sekt trinken und im Brunnenwasser abkühlen. Cibeles gibt ein Gefühl von Bodenständigkeit, Sicherheit und Ewigkeit: Was auch immer passiert – sie ist und bleibt da, mitten in Madrid.

Erste Orientierung

Überblick

Vermutlich kommen Sie im Flughafen Madrid Barajas, 13 km nordöstlich der Metropole, an. Durch Metro und Busse ist er gut an die City angebunden (s. S. 16). Das Stadtzentrum dehnt sich zwischen dem Schloss an der Westseite, oberhalb des Stadtflüsschens Río Manzanares, und dem großen Stadtpark El Retiro an der Ostseite aus. Jenseits der Ringstraßen, die diese Altstadt einfassen, liegen jüngere Viertel. Als Nord-Süd-Achse durchschneidet der Straßenzug Paseo del Prado–Paseo de Recoletos–Paseo de la Castellana die Stadt.

Die alten Namen der Madrider Altstadtviertel entsprechen nicht den heutigen offiziellen Verwaltungsbezirken, die auf dem Cityplan eingetragen sind. **Malasaña** und **Chueca** nördlich der Gran Vía heißen als Bezirke Centro, Universidad und Justicia, **Lavapiés** im Süden ist Embajadores, der historische **Barrio de los Austrias** heißt Sol und das Viertel **Huertas** wird verwaltungstechnisch als Cortes bezeichnet.

Puerta del Sol und die großen Boulevards ► D/E 5/6

Das Zentrum der City ist der Platz **Puerta del Sol,** ein Verkehrsknotenpunkt der Metrolinien, deren Schächte täglich Hunderttausende Menschen ausspucken, u. a. weil sie in die umliegenden Geschäftsstraßen strömen. Vom Platz zweigt einer der großen Stadtboulevards ab, die **Calle de Alcalá,** die Meile der Banken, mit herrlicher Belle-Époque-Architektur. Ein zweiter Stadtboulevard, der zu Beginn des 20. Jh. eine Schneise in die dicht bebaute Altstadt schlug, ist die **Gran Vía.** Wo sich die beiden Straßenzüge gabeln, steht wahrzeichenhaft ein Bau, an dem in großen Lettern zu lesen ist, was die Architekten und Financiers hier damals schaffen wollten: **Metrópolis.**

Barrio de los Austrias

► C/D 5/6

Die arkadengesäumte **Plaza Mayor** ist das Herz der mittelalterlichen Stadt und architektonischer Höhepunkt des sogenannten ›Viertels der Habsburger‹. Im Süden zeichnen die Parallelstraßen **Cava Baja** und **Cava Alta** den Verlauf des ehemaligen Stadtgrabens nach. Im Gassengewirr der Talsenke unterhalb der Calle Bailén befand sich einst der maurische Siedlungskern Madrids. Im Westen reicht das Habsburgerviertel bis zum **Königspalast,** im Norden bis zu den **Habsburgerklöstern** Encarnación und Descalzas Reales.

Die Altstadtviertel

Die charmanten Altstadt-Barrios rund um den Barrio de los Austrias haben historisch gewachsene Strukturen und sind auf dem Stadtplan an der unregelmäßigen Gassenführung zu erkennen. Diese *barrios* zwischen Schloss und Kunstmeile Paseo del Prado erläuft man sich am besten zu Fuß.

Malasaña und **Chueca** strahlen noch Gemütlichkeit aus. Die Gassen rund um die Plaza del Dos de Mayo (► D 3, Platz des 2. Mai) sind eine der von Jugendlichen bevorzugten Szene- und Ausgehgegenden. Rund um die Plaza de Chueca (► E 4, Metrostation), einem

Zentrum der Gay-Szene, buhlen neben kleinen Läden ebenfalls nette Cafés, Tavernen und Restaurants um Kunden.

In Huertas wohnten im Goldenen Zeitalter Spaniens große Dichter. Besucher werden sich in den teils museumsreifen Tavernen wohlfühlen. Hier ist die Plaza de Santa Ana (► E 6) mit ihren *cervecerías* ein Treffpunkt der Nachtschwärmer. Das Viertel rund um die **Plaza de Lavapiés** (► E 7) ist heute ein Einwanderungsviertel. Asiaten, Marokkaner, Schwarzafrikaner und Latinos prägen die Multikulti-Szene. Am Rande des Viertels findet sonntags der **Rastro** statt (Flohmarkt, s. S. 66).

Salamanca ► G–J 1–4

In die regelmäßig angelegten neueren Viertel Madrids zog es seit Beginn des 20. Jh. die besser Betuchten. Besonders Salamanca mit schmucken, mehrstöckigen Bürgerhäusern repräsentiert das Madrid des späten 19. und beginnenden 20. Jh. und zeigt die gehobenen Wohnbedürfnisse von Adel und Bourgeoisie. Als ›Milla de Oro‹ bezeichnet man die **Calle de Serrano** wegen der Konzentration an Haute Couturiers und spanischen Modedesignern (s. S. 55).

Kunstmeile und Castellana

Kunstmeile – der **Paseo del Prado** (► E 5–7) mit dem Prado- und Thyssen-Museum sowie dem Centro de Arte Reina Sofía hat diesen Namen verdient. In kaum einer anderen Stadt Europas gibt es ein vergleichbares Konzentrat an so großer Kunst auf so kleinem Raum. Wer sich eher für moderne Architektur als für Kunst interessiert, fahre die zwölfspurige **Castellana** (► nördl. F/G 1) weit nach Norden hinauf, zur Plaza de Castilla und zum neuesten Hochhauskomplex Cuatro Torres Business Area (CTBA), dessen Türme bereits beim Anflug zu sehen sind.

Wahrzeichenhaft steht an der Ecke von Calle de Alcalá und Gran Vía der Edificio Metrópolis

Schlaglichter und Impressionen

Schmelztiegel Spaniens

Ungefähr so sehen sich die Einwohner der spanischen Hauptstadt selbst: Niemand kommt aus Madrid, aber alle sind Madrilenen. Mit der angenehmen Konsequenz, dass es nationalistische oder patriotische Gefühle und Neigungen nicht gibt. Zu nah ist die Zeit, in der man selbst oder die unmittelbaren Vorfahren aus einer armen Landregion in die ›Stadt der offenen Arme‹ immigrierten, um Arbeit zu finden und ein besseres Leben zu haben. Die ganze Vielfalt der spanischen Regionen, vom ›keltischen‹ Galicien im Nordwesten bis zum afrikanischen Vorposten Andalusien im Süden, wuchs in Madrid zusammen. Es wurde zum Schmelztiegel Spaniens. Mit ihrer toleranten, offenen Art nahm die Stadt alle auf, die kamen, und ließ sie irgendwie leben, wie sie leben wollten.

Stadt und Stadtstaat Madrid

Die Metropole bildet zusammen mit den Stadtrandsiedlungen und den historisch gewachsenen Dörfern der Region rundherum die Comunidad Autónoma de Madrid, eine Art Stadtstaat oder Bundesland. Von den rund 6,5 Mio. Einwohnern ist ca. 1 Mio. älter als 65 Jahre. Bevölkerungspolitisch sind daher die ›neuen Immigranten‹, die mittlerweile 18 % der Hauptstadtbewohner stellen, ein wahrer Jungbrunnen: Die meisten Zugezogenen kommen aus Rumänien, gefolgt von Ecuadorianern, Marokkanern, Kolumbianern, Bolivianern, Peruanern, Chinesen, Menschen aus der Dominikanischen Republik, Bulgarien und Polen. Das wird im Altstadtviertel Lavapiés besonders deutlich, es ist heute Madrids Multikultiviertel schlechthin.

Die Barrios – Wohnen in der Stadt

Madrid setzt sich aus vielen *barrios* zusammen. Diese Viertel haben jeweils ihren ganz eigenen, historisch gewachsenen Charakter. Die Unterschiede zeigen sich in der Architektur, der Art der Geschäfte, den öffentlichen Einrichtungen, der Kleidung und dem Verhalten der Leute – bis heute. Zwischen Salamanca, dem traditionellen Viertel der Reichen, und den volkstümlichen *barrios* der Altstadt etwa liegen Welten. Nur nachts sind alle Katzen gleich und sich einig: Man geht in die Altstadtviertel.

Viele Häuser der Altstadtviertel gehen noch auf das 17. bis 19. Jh. zurück, die kleinen, manchmal nur 25 m^2 großen Wohnungen sind nicht besonders komfortabel. Hierher zieht es heute junge Leute und Zuwanderer, die sich die *pisos* zu mehreren teilen und einfach glücklich darüber sind, mitten in der Stadt zu wohnen. Familien und Ältere weichen dagegen aufgrund der hohen Mieten in den einigermaßen komfortablen Wohnungen in Madrid zunehmend in die neueren und preiswerteren Stadtrandsiedlungen aus. Die Folge: Die zentralen Altstadtviertel wirken jung, multikulturell und lebendig. Dennoch: Gemessen an den Einkommen sind die Mieten für viele Madrilenen einfach unerschwinglich ...

Leben von Luft und Liebe?

Radikale Sparhaushalte des Landes und der Kommunen, Lohnkürzungen, Mehrwertsteuererhöhung im Herbst 2012, eine erschreckend hohe Arbeitslosigkeit – die Folgen der Banken- und Finanzkrise bekommen auch die Madrilenen

Madrilenen gehen gern aus – im Sommer trifft man sich am liebsten auf schattigen Terrassen

zu spüren. Die meisten Angestellten in der Dienstleistungsstadt Madrid arbeiten in der Verwaltung, in Vertrieb und Verkauf, der Gastronomie und Hotellerie. Doch wovon leben sie eigentlich? Wenngleich die Gehälter in der Metropole im Schnitt über dem spanischen Mittel liegen, leben über 50 % der angestellten Madrilenen von rund 1000 € brutto im Monat.

Ein Lokal auf 400 Einwohner

Schaut man diese Wirtschaftsdaten an, dann sind die Madrilenen nicht gerade reich. Das hindert sie nicht daran, ausgiebig auszugehen und am gesellschaftlichen Leben teilzunehmen. In der *Comunidad* existieren über 15 000 Bars und Restaurants, also ein Lokal pro 400 Einwohner. Die Lust auf geselliges Beisammensein, auf ein gemeinsames Gläschen mit Freunden oder Nachbarn und darauf, den Tag bis tief in die Nacht zu verlängern, statt sich in den häuslichen vier Wänden zu vergraben – das ist typisch für die Madrilenen. Überraschend für viele Besucher ist der Tagesablauf: Auch wer frühmorgens mit einem knappen Frühstück, das oft nur aus einem Café besteht, das Haus verlässt, nimmt relativ spät am Tag die erste richtige Mahlzeit zu sich. Das Abendessen kann durchaus erst zwischen 22 und 24 Uhr stattfinden. Sicher ist: Zwischen 7 Uhr morgens und 2 Uhr nachts muss in Madrid niemand verhungern oder verdursten.

Dresscode

Die Regeln der Toleranz gelten in Madrid auch bei Kleiderfragen. Doch wenn Madrilenen ausgehen oder auch nur einen *paseo* machen, also eine Runde auf der Straße drehen, legen sie Wert auf gepflegte Kleidung. Das gilt nicht nur für ältere Herrschaften. Ein legeres Outfit, etwa T-Shirt und Jeans, ist zu den meisten Anlässen vollkommen in Ordnung. Doch wer mit Shorts und Outdoor-Sandalen in Restaurants auftaucht, gibt sich eindeutig als Tourist zu erkennen. In einigen Diskotheken, den Treffpunkten der *gente guapa*, der Schönen und Reichen, gibt es Türsteher, die nicht jeden hereinlassen.

Politik, Geld, Macht

Madrid ist Sitz der spanischen Regierung mit all ihren Ministerien. Und Sitz der Regierung der *Comunidad Autónoma*, der Autonomen Gemeinschaft Madrid mit deren Ministerien. Und es hat natürlich ein Rathaus mit eigenen Verwaltungsorganen. All diese Behörden liegen im Zentrum der Stadt und geben ihr zusammen mit den dort arbeitenden Funktionären ein deutliches Gepräge. Nicht zu vergessen die Banken: Sie haben ebenfalls alle ihre Zentrale in Madrid, und zwar im Zentrum. Die großen Versicherungen, Aktiengesellschaften, Medienkonzerne, Radio- und Fernsehsender natürlich auch.

Im Grunde ist Madrid also ein riesiger Büro- und Verwaltungskomplex, und das wird in der Calle de Alcalá, rund um die Neuen Ministerien (Nuevos Ministerios), im AZCA-Komplex an der Castellana und an der oberen Castellana mit ihren neuen Wolkenkratzern besonders deutlich. Auf 2 % des spanischen Territoriums generiert Madrid immerhin 11 % des Bruttoinlandsprodukts.

Jede Woche eine Demo ...

Hauptstadt Spaniens und Zentrale der Politik ist Madrid seit 1561, seit der Habsburgerkönig Philipp II. es so ent-

Das CaixaForum ist das jüngste im Bund der Madrider Kulturzentren – das Architektenteam Herzog & de Meuron gab einem Industriedenkmal mitten in Madrid ein neues Gesicht

schied. Die Politik von oben und der Widerstand von unten spielen hier gleichermaßen eine wichtige Rolle. Protestmärschler aus ganz Spanien verstopfen auch heute immer wieder das Zentrum der Stadt, was den Straßenzügen Paseo del Prado, Calle de Alcalá, Calle de Atocha sowie der Puerta del Sol den Beinamen *manifestódromo,* Demo-Bahn, eingebracht hat. Der Bürokratie und den Entscheidungen der Politiker tritt man mit täglichem Chaos, mit Protest, Irritationen und einer gewissen Portion Anarchie entgegen. Regelmäßige Sit-ins der spanischen Jugendlichen auf dem Platz Puerta del Sol und andere Proteste gehören seit dem Ausbruch der Krise noch mehr zum Stadtbild.

Forschung und Lehre

Die Universidad Complutense und die Universidad Autónoma zählen zu den angesehensten Universitäten Spaniens. In den letzten Jahren wurden mehrere Privatuniversitäten gegründet. Insgesamt etwa 230 000 Studenten sind an den sieben staatlichen und acht privaten Universitäten Madrids eingeschrieben – und tragen ihren Teil zur Lebendigkeit der Stadt bei.

Kulturfabrik Madrid

Die jungen Kreativen und Künstler des ganzen Landes zieht es magisch in die Metropole. Die Stadt ist die Referenz schlechthin in Sachen Kunst und Kultur, die Adresse der großen Modeschulen, des Designs, der Fotografie, Malerei, Musik, Flamenco, Film oder Theater. Madrids Kunstmeile ist die Adresse der größten und bedeutendsten Museen des Landes, zu denen der Prado, der Centro de Arte Reina Sofía und das Thyssen-Museum gehören.

Hier gibt es auch die meisten Kulturzentren, die meisten und besten Ausstellungen und die landesweit höchste

Kunsttransport in der Madrider Altstadt

Konzentration an Galerien. Avangardistische Kunsttrends formieren sich in den Madrider Kreativzentren.

Große Filmproduktionsfirmen arbeiten ebenso in der Weltstadt wie Theaterschaffende. Fast alle bedeutenden TV-Serien werden in Madrid produziert. Und dann gibt es hier neben den besten Musikhochschulen des Landes als große musikalische Institutionen das Auditorio Nacional de Música und das Teatro Real, die große Madrider Oper.

Eine kreative Szene auf Erfolgskurs

Eine gehörige Zahl junger Menschen, die sich selbst der Alternativszene zurechnen, versucht in Madrid mit kleinen Läden und kreativen Ideen Fuß zu fassen. Diese Läden bieten mittlerweile eine echte Alternative zum Shoppen in den großen Kaufhäusern, in den multifunktionalen Einkaufszentren am Stadtrand oder auch bei den eingeführten Nobelmarken. Im kleinen Stil werden in den neuen intimen Szeneläden Mode und Accessoires, Designartikel oder Kunstobjekte angeboten – die junge Szene in New York und London hat es vorgemacht.

Schön zu sehen, wie die Altstadtviertel, deren Tante-Emma-Läden einer nach dem anderen schließen mussten, auf diese Weise neu belebt werden und eine Zukunft haben. Das gilt in Madrid speziell für die Viertel Chueca und Malasaña und dort besonders für die Calle de Fuencarral, die auf der Grenze zwischen diesen beiden *barrios* verläuft.

Madrid bewegt sich

Das wichtigste Verkehrsmittel für die Madrilenen ist die Metro, die ungefähr so alt wie die von London ist. Gerade in den letzten Jahren ist das Liniennetz noch einmal kräftig ausgebaut worden und bindet jetzt auch die Vororte an. Die Metro ist, was Effizienz und Schnelligkeit angeht, nicht zu schlagen. Der Nachteil: Zu den Hauptverkehrszeiten wird es eng in den Zügen. Aber diese Enge spannt die Nerven immer noch weniger an als die ständigen Staus, mit denen Autofahrer oder Taxis kämpfen. In den engen und einst ohnehin nicht für Pkw ausgelegten Gassen der Altstadt entstehen immer mehr Fußgängerzonen – und sogar, neuerdings, Radwege (s. S. 24). Es tut sich also was in puncto Fortbewegung.

Außer am Wochenende, weil dann nämlich die halbe Stadt auf einmal die Flucht ergreift: ins Grüne, aufs Land, in die Berge oder ans Meer. Natürlich im Auto. Können Sie sich vorstellen, was am Sonntagabend auf den Straßen rund um Madrid los ist?

Die Umwelt in der Stadt

Eines der großen Probleme Madrids ist die sog. *contaminación acústica*, der Lärmpegel. Ein Teil des Problems sind die Madrilenen selbst und ihr Verhalten:

Daten und Fakten

Lage: Genau im Zentrum der Iberischen Halbinsel, auf der Meseta, der Hochebene von Kastilien, gelegen.
Staat & Verwaltung: Madrid ist Residenz des spanischen Königs und Sitz der Regierung, die seit Ende 2011 vom konservativen PP (Partido Popular) unter Ministerpräsident Mariano Rajoy geführt wird. Die Stadt ist zudem eine der 17 spanischen Comunidades Autónomas, eine Art Bundesland mit eigener Regierung und Verwaltung.
Bevölkerung: ca. 3,2 Mio. (Stadt), ca. 6,5 Mio. in der Comunidad. Madrid ist eine der größten Metropolregionen Europas. Der Ausländeranteil beträgt ca. 18 % (Stadt), die meisten Immigranten kommen aus Rumänien, Lateinamerika und Nordafrika (Marokko). Seit Ausbruch der Wirtschafts- und Finanzkrise ist die Arbeitslosigkeit gewaltig gestiegen, jeder zweite Jugendliche hat keinen Job.
Zeitzone: MEZ, im Sommer MESZ
Superlative: Madrid ist mit 667 m ü. d. M. – nach Andorra – Europas höchstgelegene Hauptstadt. Die Universität ist eine der ältesten und mit 120 000 Studenten eine der größten Europas. Insgesamt studieren rund 230 000 Menschen in Madrid.
Partnerstädte: u. a. Berlin, Brüssel, Bordeaux, Lissabon, New York, Paris, Rom ...

das beliebte *trasnochar* (Nächte durchmachen), Feste extensiv feiern etc. verursachen nun einmal Lärm.

Noch übler ist der Verkehrslärm, doch all die Bars und Restaurants und Geschäfte im Zentrum wollen nun einmal beliefert werden, und die fleißige Stadtreinigung ist mit ihren Müllwagen die ganze Nacht auf den Beinen, damit zu Tagesbeginn alles wieder sauber ist. Der Verkehr belastet zugleich die Luft, in den heißen, trockenen Sommern täten luftreinigende Schauer gut, aber sie bleiben über Monate aus.

Übrigens: Die Madrilenen sind durchaus umweltbewegt, vielen liegt eine gesunde Stadt-Ökologie am Herzen, und oft genug tragen sie ihre Forderungen lautstark auf die Straße. Doch solange sich der Beton immer weiter in die Randzonen vorfrisst und immer wieder ein Stückchen Natur verdrängt ...

Gott sei Dank hat die Metropole ihre grünen Lungen: mitten in der Stadt den Parque del Retiro, die riesige Casa de Campo oder den Parque del Oeste. Und schließlich auch die Gebirge, die nördlich der Stadt ansteigen.

Madrid schwitzt im Sommer

Ist es der Klimawandel oder war es schon immer so heiß? Oder hat man die Stadt im Mittelalter einfach falsch gebaut, mit zu engen Gassen und zu wenigen offenen Räumen, sodass die Ventilation nicht funktioniert? Madrid im Hochsommer wird richtig heiß – der Asphalt scheint zu schmelzen. Dafür wird es im kurzen Winter kalt, die Gipfel der 50 km entfernten Berge sind dann schneebedeckt. Kontinentalklima nennt man das. Das bedeutet: Frühling und Herbst sind unter klimatischen Aspekten unschlagbar schön, mit angenehmen Temperaturen, viel Licht und Himmeln so blau, dass sie einer Offenbarung gleichkommen.

Wappen und Wahrzeichen

El Oso y el Madroño, der Bär und der Erdbeerbaum, gegen den sich selbiger stützt, bilden das Madrider Wappen. Als große Skulptur ist dieses Fauna-Flora-Duo auf der Puerta del Sol mitten in der City zu sehen. Es erinnert an die einst reichen Jagdgründe und Wälder in der Umgebung der Stadt. Die silbernen Sterne rund um die zentrale Bär-und-Baum-Komposition stehen für die überraschend klaren Madrider Himmel.

Wahrzeichenhafte Funktion haben neben Bär und Erdbeerbaum für die Madrilenen außerdem die Fuente de La Cibeles (Kybele-Brunnen auf der Plaza de la Cibeles), das Denkmal für den »Don Quijote«-Autor Miguel de Cervantes auf der Plaza de España, der Triumphbogen Puerta de Alcalá, eine Hommage an König Carlos III, den die Madrilenen als besten Bürgermeister in der Geschichte der Stadt ansehen, die schöne mittelalterliche Plaza Mayor und natürlich das weltberühmte Prado-Museum mit der Gemäldesammlung der spanischen Könige, das jährlich Millionen Besucher anzieht.

Geschichte, Gegenwart, Zukunft

Von den Anfängen bis zum Mittelalter

Zwischen dem 8. und 12. Jh. war die Mitte der Iberischen Halbinsel Grenzland: Im Norden dominierten christliche Königreiche, den Süden beherrschten die 711 eingefallenen Araber und Berber. Diese gründeten die Grenzfeste, um die sich die kleine arabische Siedlung Mayrit entwickelte. Alfonso VI, König von Kastilien und León, eroberte sie 1085. Stück für Stück drangen die christlichen Könige nach Süden vor. 1492 bildeten die Katholischen Könige Isabella von Kastilien und Ferdinand von Aragón ein vereinigtes Königreich und verdrängten die Araber von der Halbinsel. Spanien formierte sich als streng katholischer Staat. Die Juden wurden des Landes verwiesen, und die 1478 gegründete Inquisition, die Behörde zur ›Reinhaltung‹ des christlichen Glaubens, nahm ihre Tätigkeit auf. Ketzerverbrennungen standen auf der Tagesordnung.

Die Ära der Habsburger

Mit Karl V. bestieg 1516 ein Habsburger den Thron. Unter seiner Herrschaft baute Spanien ein immenses Kolonialreich auf. Unter Philipp II., Sohn Karls V., trat Madrid, bis dahin ein unbedeutender Marktflecken, die Nachfolge Toledos als Hauptstadt an. Nördlich der Stadt ließ Philipp II. 1561 den Klosterpalast El Escorial errichten, von dem aus er die spanischen Lande regierte – ein Reich, in dem durch die überseeischen Kolonialgebiete die Sonne nicht unterging. Unter den Habsburgern wurde 1620 die Plaza Mayor eingeweiht, im sogenannten Habsburgerviertel rund um den Platz hinterließen sie zahlreiche Spuren ihres architektonischen Geschmacks. Man lebte im Siglo de Oro, dem Goldenen Jahrhundert Madrids: Malerei, Bildhauerei und Literatur erlebten eine ihrer kreativsten Perioden, finanziert mit dem Gold und Silber aus den Kolonien.

Die Ära der Bourbonen

Die inzestuöse Heiratspolitik der Habsburger ließ sie von Generation zu Generation degenerieren, bis der letzte König 1700 kinderlos starb und der Spanische Erbfolgekrieg 1713 mit der Inthronisierung der Bourbonen endete. Eine Wohltat für die Stadt war der aufgeklärte Reformkönig und ›beste Bürgermeister Madrids‹, Carlos III (1759–88). Er schenkte Madrid die Flaniermeile Paseo del Prado, den Botanischen Garten und das Stadthospital, heute Centro de Arte Reina Sofía. Unter Carlos IV jedoch wurde Spanien zum Spielball Napoleons, der seine Truppen ins Land schickte. Am 2. Mai 1808 starben 1500 Madrilenen in blutigen Straßenschlachten gegen die Franzosen. Im 19. Jh. erschütterten drei Thronfolgekriege zwischen Liberalen und Konservativen und das kurze Intermezzo der Ersten Republik 1873/74 das Land.

Bürgerkrieg, Diktatur und Neubeginn

Seit dem Ende des 19. Jh. lehnten sich die Landarbeiter gegen Großgrundbesitz, feudale Strukturen und Armut auf, und mit der zunehmenden Industrialisierung formierte sich eine Arbeiterbewegung, die von kommunistischen, sozialistischen und anarchistischen Idealen getragen wurde. 1931 wurde in Madrid die Zweite Republik ausgerufen. Der Putsch von General Franco gegen die republikanische Regierung löste 1936 den Spanischen Bürgerkrieg aus (1936–39), der das Land in zwei Lager zerriss. Als letzte Bastion der Republikaner fiel 1939 Madrid. Dann folgten die Jahrzehnte der Franco-Diktatur: Militär, Kirche und Feudalherren hatten das Sagen. In den 1960er-Jahren kam es vermehrt zu Streiks und Studentenprotesten. Die Einwohnerzahl wuchs auf ca. 3 Mio. Im November 1975 starb Franco. Neues Staatsoberhaupt wurde König Juan Carlos I. Die Demokratisierung Spaniens, die *Transición,* begann. Madrid schüttelte den Alptraum der Diktatur endgültig mit der *movida madrileña* ab, es wurde als kreative Kulturfabrik und Stadt eines exzessiven Nachtlebens international bekannt.

Die neue Museumsmeile

Ausgerechnet der wenig kunstsinnige Fernando VII (1814–33) hatte mit der Eröffnung des Prado die königlichen Gemäldesammlungen der Öffentlichkeit zugänglich gemacht. Madrid besitzt also seit dem 19. Jh. ein großartiges Kunstmuseum. 1992, als Madrid Kulturhauptstadt Europas war, kamen zwei Kunsttempel hinzu: das Centro de Arte Reina Sofía, das sich der Kunst des 20. und 21. Jh. widmet, und die Sammlung des Barons Hans Heinrich Thyssen. Seither ist der Paseo del Prado eine Kunstmeile ersten Ranges.

Bauen für die Zukunft

Zu den jüngsten Stadtentwicklungsprojekten gehören die weitere Bebauung des Paseo de la Castellana mit modernsten Bürogebäuden und den höchsten Wolkenkratzern Madrids sowie Madrid Río, die Befreiung des Stadtflüsschens von Uferstraßen, die einem riesigen neuen Grün- und Freizeitareal wichen. Inzwischen kann wegen der Wirtschaftskrise manches ehrgeizige Projekt zumindest vorläufig nicht umgesetzt werden.

Löwen, aus dem Metall eingeschmolzener Kanonen gegossen, bewachen das Parlament

Reiseinfos von A bis Z

Anreise

... mit dem Flugzeug

Das Netz an Flugverbindungen zur spanischen Hauptstadt ist dicht, oft ist der Luftweg der preiswerteste Anreiseweg.

Aeropuerto de Barajas: Der Flughafen liegt ca. 13 km nordöstlich des Zentrums. Information: Tel. 902 40 47 04, bei Anrufen aus dem Ausland Tel. 913 21 10 00, www.aena.es.

Terminals: Die vier Terminals sind verschiedenen Fluggesellschaften zugeordnet. Flüge von Lufthansa, Condor, Germanwings, Spanair, Austrian Airlines werden vom Terminal 1 (T-1) abgewickelt, die von Air Berlin, KLM, Air France (Sky Team) im Terminal 2 (T-2). Terminal 3 (T-3) ist für Air Europa reserviert, für Iberia, British Airways und die Partner von One World Terminal 4 (T-4 und T-4S). Der Transfer zum T-4 dauert ca. 30 Min., zwischen T-4 und T-4S verkehrt eine Airport-Shuttlebahn.

Busse ins Zentrum: Alle 10–25 Min. verkehren Stadtbusse zum Normaltarif zwischen dem Flughafen und der Metrostation Avenida de América. Linie 200 steuert die Terminals 1–4 an (5.20–23.30 Uhr). Der Flughafenbus ›Exprés Aeropuerto‹ fährt vom Atocha-Bahnhof (▶ G 8) via Plaza de la Cibeles (▶ F 5) zum Flughafen und hält dort an den Terminals T-1, T-2, T-4 (5 €, tagsüber alle 15 Min., nachts ab Plaza de la Cibeles alle 30 Min., Fahrzeit ab/bis Atocha ca. 40 Min.).

Metro: Metro-Bahnhöfe befinden sich zwischen Terminal 2 und 3 sowie am Terminal 4. Die Linie 8 fährt bis zur Station Nuevos Ministerios (▶ nördl. F 1). Bei der Abreise kann man hier das Gepäck einchecken. Die Station liegt an der Strecke der Nahverkehrszüge (s. u.) und bietet Anschluss an die Metrolinien 6 und 10. Eine Fahrt ins Zentrum kostet 2 € plus 3 € Flughafenzuschlag, der ebenfalls bei Nutzung der Bonometro-Zehnerkarte (s. S. 22) fällig wird.

Nahverkehrszüge/Cercanías: Linie C-1 verbindet die Stationen Príncipe Pío, Méndez Álvaro, Bahnhof Atocha (▶ G 8, 25 Min. Fahrzeit), Recoletos, Nuevos Ministerios und Hauptbahnhof Chamartín (11 Min.) mit dem Terminal 4. Betriebszeit ist von 5.15 bis 23.45, ab dem Flughafen von 6 bis 23 Uhr.

Taxis: Eine Fahrt ins Zentrum kostet von den Terminals 1–3 ca. 30–35 €, vom Terminal 4 ca. 35–40 €. Für ein Taxi von den Terminals 1–3 zum Terminal 4 zahlt man rund 16 €. Am Flughafen sind auch sogenannte *piratas* (›schwarze‹ Taxen) unterwegs. Lassen Sie sich eine Quittung geben!

... auf dem Landweg

Internationale Züge nach Madrid enden an der Estación de Chamartín, Europabusse steuern die Estación Sur de Autobuses an (s. S. 25).

Einreisebestimmungen

Ausweispapiere: EU-Bürger müssen einen gültigen Personalausweis oder Pass dabeihaben, das gilt auch für mitreisende Kinder.

Ein- und Ausfuhr: EU-Bürger können Waren für ihren persönlichen Bedarf ein- und ausführen. Für Nicht-EU-Bürger sind die zollfreien Mengen auf 200 Zigaretten und 1 l Spirituosen begrenzt. Waffen (auch Verteidigungssprays u. Ä.) und Rauschgift sind strikt verboten.

Feiertage

1. Jan.: Neujahr (Año Nuevo)
6. Jan.: Dreikönige (Día de los Reyes)
Karwoche: Gründonnerstag, Karfreitag
1. Mai: Tag der Arbeit
2. Mai: Stadtfest (s. Feste und Festivals)
15. Mai: Fest des Stadtpatrons
15. Aug.: Mariä Himmelfahrt
12. Okt.: Fest der Virgen del Pilar und Tag der Entdeckung Amerikas
1. Nov.: Allerheiligen
9. Nov.: Fest der Stadtpatronin
6. Dez.: Tag der Verfassung
8. Dez.: Unbefleckte Empfängnis
25. Dez.: Weihnachten (Navidad)

Feste und Festivals

Reyes Magos: Umzug der Heiligen Drei Könige am 5./6. Jan. Statt an Weihnachten ist in der folgenden Nacht für die Kinder Bescherung.
San Antón: 17. Jan., Tag des Schutzheiligen der Tiere, mit Segnung der Haustiere vor der Kirche San Antón.
Karneval: Volksfeststimmung im Zentrum der Stadt, am Veilchendienstag Maskenball im Círculo de Bellas Artes und am Ende, am Aschermittwoch, *Entierro de la Sardina,* die Beerdigung der Sardine in der Casa de Campo.
Madrid en Danza: Ende Febr. Tanztheater- und Ballettveranstaltungen.
Karwoche: *Semana Santa,* Kirchenprozessionen mit aufwendigen Thronen und Passionsfiguren sowie *Festival de arte sacro* (Festival der religiösen Kunst) mit Kirchenkonzerten.
Fiestas de la Comunidad de Madrid am 2. Mai, Feiertag zur Erinnerung an den 2. Mai 1808 (Straßenschlachten gegen Napoleons Soldaten).
San Isidro: 15. Mai, Fest zu Ehren des Stadtpatrons, des Heiligen Isidors, mit Wallfahrt, Live-Konzerten und Stierkämpfen.
Festival de Primavera: Mai, Juni. Ein ganzer Programmzyklus mit Theater, Tanz, Ausstellungen, Konzerten.
Día del Orgullo Gay: Ende Juni, das Fest der Schwulen mit Umzügen, Fiesta und Wettbewerben im Viertel Chueca.
Veranos de la Villa: Juli/Aug., Kultursommer mit buntem Theater- und Konzertprogramm.
San Cayetano, San Lorenzo y La Paloma: 7.–15. Aug. Dieses wichtigste Stadtfest prägt eine Woche lang die Altstadtviertel.
La noche en blanco: Vorletzter Sa im Sept. Museen, Kulturzentren und Galerien öffnen die ganze Nacht, kostenlose Konzerte etc. im Freien.
Semana de la Arquitectura: 1. Woche im Okt. In der Architekturwoche sind

Madrid Card: Die Touristenkarte gewährt freien Eintritt in über 50 Museen – darunter Prado, Thyssen-Bornemisza-Museum und Centro de Arte Reina Sofía – und die kostenlose Teilnahme an den Führungen von Descubre Madrid (s. S. 25), durch die Fußballstadien von Real Madrid und Atlético Madrid sowie durch die Stierkampfarena, dazu die unentgeltliche Nutzung des Teleférico zwischen Parque del Oeste und Casa de Campo (s. S. 79). Doch das Rechnen lohnt: Man muss schon ziemlich viel unternehmen, damit sich die Madrid Card rechnet. Sie kostet 39 €/1 Tag, 49 €/2 Tage, 59 €/3 Tage, 69 €/5 Tage (Kinder: 20 €, 28 €, 34 €, 42 €). Erhältlich ist sie in der Touristeninformation Centro de Turismo auf der Plaza Mayor 27, auch die unter www.madridcard.com reservierten Tickets sind dort abzuholen (tgl. 9.30–20.30 Uhr).

viele historische Gebäude für das Publikum geöffnet (www.fundacioncoam.es).
Festival Internacional de Jazz: Nov. Jazzfestival, den ganzen Monat über.
Madrid en Danza: Nov. Tanztheater und Ballett, teils auch Flamenco-Tanz.
Weihnachtsmarkt: Plaza Mayor.
Silvester: Um Mitternacht lauscht man auf der Puerta del Sol den zwölf Glockenschlägen der Turmuhr und verzehrt zu jedem Schlag eine Traube – das bringt im neuen Jahr Glück!

Fundbüro

Oficina de Objetos Perdidos: Paseo del Molino 7, Tel. 915 27 95 90, Metro: L 3, 6 Legazpi, Mo–Fr 9–13.30/14 Uhr.

Gesundheit

Wer bei einer gesetzlichen Krankenkasse versichert ist, wird mit seiner European Health Insurance Card (EHIC) in Spanien kostenlos im Krankenhaus versorgt. Private Arztrechnungen sind vor Ort zu bezahlen, die Versicherungen erstatten später die Kosten gegen Vorlage. Wer sich gegen jedes Risiko einer Zuzahlung versichern will, sollte eine Reisekrankenversicherung abschließen. Adressen deutschsprachiger Ärzte können bei der Botschaft erfragt werden (s. S. 21).
Notfallversorgung: Im Notfall wendet man sich am besten an das nächstgelegene Krankenhaus mit Notaufnahme *(urgencias);* auf Kinder spezialisiert ist das Hospital del Niño Jesús, Avenida de Menéndez Pelayo 65 (▶ J 6), Tel. 915 03 59 00, Metro: L 9 Ibiza.
Apotheken: Erkennungszeichen von Apotheken *(farmacias)* ist ein grünes Kreuz auf weißem Grund. Der Notdienstplan der farmacias wird täglich in den Tageszeitungen bekannt gegeben und ist auch unter Tel. 010 zu erfahren. An jeder Apotheke ist die nächstgelegene Notapotheke durch Aushang ausgewiesen. Die folgenden Apotheken bieten einen 24-Stunden-Service: Calle Mayor 59, Calle Atocha 46, Calle Goya 89.

Informationsquellen

Infostellen von Turespaña im Ausland

Zuständig für Touristeninformation und Prospektbestellung:
10707 Berlin: Litzenburger Str. 99, 5. OG, Tel. 030 882 65 43, berlin@tourspain.es
40237 Düsseldorf: Grafenberger Allee 100, Tel. 0211 680 39 80, 81, duesseldorf@tourspain.es
60323 Frankfurt a. M.: Myliusstr. 14, 4. Stock, Tel. 069 72 50 33, 38, frankfurt@tourspain.es
80051 München: Schubertstr. 10, Tel. 089 53 07 46 11, 12, munich@tourspain.es
1010 Wien: Walfischgasse 8, Tel. 01 512 95 80, viena@tourspain.es
8008 Zürich: Seefeldstr. 19, Tel. 044 253 60 50, zurich@tourspain.es

Touristeninformation in Madrid

Centro de Turismo: Plaza Mayor 27, Tel. 915 88 16 36, 913 66 54 77; Paseo de la Castellana/Calle Goya (▶ G 4, unterirdische Passage), beide tgl. 9.30–20.30 Uhr.
Infostellen der Comunidad de Madrid: im Flughafen (Terminal 1 und 4, Ankunft), im Bahnhof Chamartín (▶ nördl. G 1) nahe Eingang 16 (puerta 16), im Bahnhof Atocha (▶ G 8) im Bereich der AVE-Schnellzug-Ankünfte, an der Plaza de la Independencia 6 (▶ F 6) gegenüber dem Eingang zum Retiro-Park und in der Calle Duque de Medi-

naceli 2 (► F 6). Öffnungszeiten: Mo–Sa 9–20, So, Fei 9–14 Uhr, die Stelle in der Duque de Medinaceli Mo–Sa 8–15, So, Fei 9–14 Uhr; Tel. 902 10 00 07, turismo@madrid. org.
Telefonische Auskunft: Städtischer 24-Std.-Info-Service unter Tel. 010; von außerhalb der Stadt unter Tel. 915 29 82 10.

Im Internet

Länderkennung Spanien: **es**
www.spain.info/de: Offizielle Website des Spanischen Fremdenverkehrsamtes Turespaña in deutscher Sprache. Umfangreiche, verlässliche Infos und Online-Bestellung von Broschüren.
www.turismomadrid.es: Die offizielle Seite der Comunidad de Madrid für Touristen – in mehreren Sprachen, darunter auf Deutsch.
www.madrid.es: Website der Stadt. Wissenswertes über Madrid, Stadtverwaltung und Stadtpolitik, aktuelle Probleme und Projekte, städtische Einrichtungen, öffentliche Verkehrsmittel, die aktuelle Verkehrslage und vieles mehr. Das Stichwort ›Turismo‹ leitet zur Seite www.esmadrid.com weiter.
www.esmadrid.com: Website der Stadt mit ausführlichen Infos zu Museen, Sightseeing, Restaurants, Festen, aktuellen Events etc., auch auf Englisch und Französisch.
www.descubremadrid.com: Website der Madrider Handelskammer. Touristische Infos und Serviceangebote (auch auf Englisch). Themen sind u. a. die Gastronomie, Hotels, Shopping sowie das Kulturangebot.
www.monumentamadrid.es: Alle Stadtviertel und Sehenswürdigkeiten mit dem Schwerpunkt Architektur. Nur auf Spanisch.
www.patrimonionacional.es: Website des Patrimonio Nacional mit Infos zu den Königsschlössern und Klöstern. Eindrucksvoll ist die virtuelle Besichtigung der Anlagen. Sehr schön zur Einstimmung, auch in Englisch.
www.guiadelocio.com/madrid: Online-Version des aktuellen Veranstaltungsmagazins. Umfassende und absolut aktuelle Infos zu Kino, Theater, Konzerten, Festen, Restaurants, Hotels, Kneipen und zu Messen oder Unternehmungen mit Kindern.

Kinder

Unternehmungen im Grünen

Retiro: ► G/H 5–7,Metro: L 2 Retiro, L 9 Ibiza, L 1 Atocha, Atocha-Renfe. Am See im Stadtpark werden kleine Boote für Ruderpartien vermietet; Puppentheater *(Teatro de Títeres)* wird hier Sa, So, Fei um 12.30, im Sommer um 18.30 Uhr geboten. Die Show ist so lustig, dass auch die Sprache kein Problem darstellt. Im Übrigen ist der Retiro ein riesiges Areal zum Austoben und eignet sich für ein Picknick im Grünen.
Casa de Campo: ► westl. A 4–6, Metro L 10, Lago/Batán bzw. Bus 33 ab Príncipe Pío (Metro: L 6, R Príncipe Pío). Im riesigen Grünareal auf der anderen Seite des Río Manzanares bieten sich verschiedene Unternehmungen an. Der **Zoo** lockt mit 3000 exotischen Tieren und einem Aquarium (www.zoomad rid.com, 10/11 Uhr bis Sonnenuntergang, Eintritt 22,25 €, für Kinder von 3–7 Jahren und Senioren 18 €). Der **Parque de Atracciones** ist ein kirmesartiger Vergnügungspark (www.par quedeatracciones.es, Okt.–März Sa, So, Fei, sonst tgl. ab 12 Uhr, Eintritt inklusive Nutzung der ›Kirmes‹-Geräte 29,90 €, 23,90 € für Kinder von 3 bis 6 Jahren). Außerdem gibt es hier einen **See** mit Bootsverleih und ein großes **Schwimmbad.** Ein Tipp: Schweben Sie mit dem Teleférico hinüber (s. S. 81)!

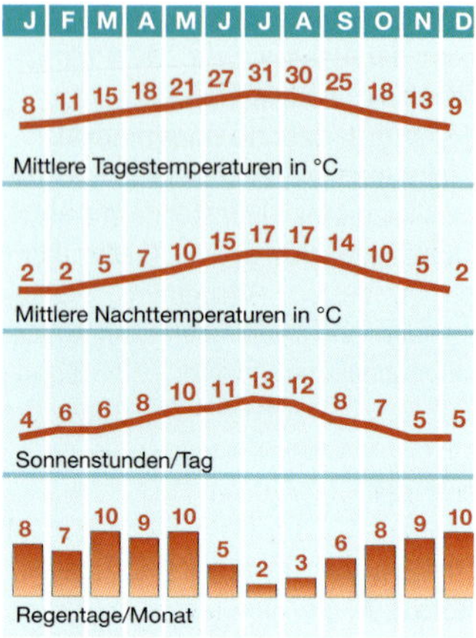

Klimadiagramm Madrid

Museen und Zirkus

Museo Nacional del Ferrocarril: ▶ F 8, Paseo de las Delicias 61, www.museodelferrocarril.org, Di–Do, So 10–15, Fr, Sa 10–20 Uhr, Juli/Aug. geschl., Metro: L 3 Delicias, 5/3,50 €, So 2 €. Im stillgelegten Delicias-Bahnhof sind Waggons und Lokomotiven aus 150 Jahren Eisenbahngeschichte zu sehen.

Museo Nacional de Ciencias Naturales: ▶ nördl. G 1, s. S. 79. Mit spannenden Dinosaurierskeletten.

Teatro Circo Price: ▶ E 8, Atocha 35, Tel. 915 28 81 22, www.teatrocircoprice.es, Metro: L 3 Embajadores, Lavapiés. Zentral gelegener, fester Zirkus.

Klima und Reisezeit

Die schönste Reisezeit sind der Frühling von März bis Juni und der Herbst von September bis November. Im Juli und August kann es recht heiß werden, im kurzen Winter (Dezember, Januar) gibt es frostige Nächte und manchmal sogar Schnee. Zumindest die Bergkuppen im Norden sind dann schneebedeckt.

Öffnungszeiten

Faustregel: Mo–Fr 10–13.30/14 und 16/17–19.30/20 Uhr, Sa nur am Vormittag; im Winter fällt die mittägliche Siesta kürzer aus, im Sommer länger.

Trend: Die 2012 stark liberalisierten Öffnungszeiten erlauben den Läden, quasi rund um die Uhr zu öffnen. Im Zentrum kann man auch am So shoppen, in Kaufhäusern Mo–Sa mindestens bis 21 Uhr.

Banken: Mo–Fr 9–14 Uhr.

Postämter: Die Hauptpost an der Plaza de Cibeles ist Mo–Fr 8.30–21.30, Sa 9–14 Uhr geöffnet.

Rauchen

Es gilt ein recht striktes Rauchverbot in der Öffentlichkeit, auch in kleinen Bars. Raucher müssen also im Allgemeinen an die frische Luft gehen.

Reisen mit Handicap

Das spanische Fremdenverkehrsamt hilft Behinderten mit vielerlei Auskünften. Die Tourist Info an der Plaza Mayor (s. S. 18) vermittelt auch behindertengerechte Stadtführungen.

Infos und Hilfestellungen für Behinderte: Confederación Española de Personas con Discapacidad Física y Orgánica (Cocemfe), Tel. 917 44 36 00, Fax 914 13 19 96, www.cocemfe.es.

Sport und Aktivitäten

Fitness und Wellness

Palacio Santa Ana: ■ Karte 2, E 6, Plaza del Ángel 6, Tel. 915 23 92 06, www.palaciosantaana.es, Mo–Fr 7.30–23, Sa 9–23, So, Fei 9–22 Uhr, Metro: L 1, 2, 3 Sol. Fitnessraum und Kosmetik-

studio, Wassergymnastik, Dampfbad, Sauna, Cycling, ca. 30 €.
Medina Mayrit: ■ Karte 2, D 6, Atocha 14, Tel. 902 33 33 34, www.hammamalandalus.com, Metro: L 1, 2, 3 Sol, ab 10 Uhr geöffnet, 27,50 €, inklusive Massage ab 38,50 €, Mo–Fr 10–16 Uhr teils ermäßigte Preise. Arabische Bäder, wie es sie einst in der Kalifenzeit gab, erleben in Spanien derzeit eine Renaissance. In einer ehemaligen Zisternenanlage der Altstadt wurde der Hammam im typisch arabischen Stil eingerichtet. Ein Durchgang dauert ca. 1,5 Std. Wegen des Andrangs sollte man sich anmelden! Bei den Massagen wählt man aus verschiedenen Angeboten.

Fußball

Die Fußballfans der Stadt teilen sich in die Anhänger des Vereins Real Madrid, dessen Estadio de Santiago Bernabéu auch besichtigt werden kann, und die Fans von Atlético de Madrid, dessen Estadio Vicente Calderón sich (noch) am Río Manzanares befindet. Während die ›Königlichen‹ weiße Hemden tragen, erkennt man die Kicker von Atlético an den rot-weiß gestreiften Shirts. In der Regel werden am Samstag und Sonntag Spiele ausgetragen.
Estadio de Santiago Bernabéu: ■ nördl. G 1, Paseo de la Castellana s/n, Tel. 902 31 17 09, www.realmadrid.es, www.santiagobernabeu.com, Metro:

Sicherheit und Notfälle

Madrid ist eine leutselige Stadt. Vor spannungsgeladenen, aggressiven Stimmungen oder gar Gewaltkriminalität, wie sie viele Großstädte prägt, braucht man sich nicht zu fürchten, wohl aber vor Taschendieben. *Chorizos,* wörtlich: Würstchen, gehen ihrem Handwerk am liebsten im dichten Gedränge nach und dort, wo sich viele Touristen treffen. Besonders aufpassen sollte man am Atocha-Bahnhof, rund um die Museen Prado, Thyssen-Bornemisza und Centro de Arte Reina Sofía, auf der Plaza Mayor, in den Einkaufsstraßen rund um die Puerta del Sol sowie auf dem sonntäglichen Flohmarkt El Rastro und generell im Viertel Lavapiés sowie in Metros und Bussen. Achten Sie also auf Handtaschen, Portemonnaies u. Ä. Touristen, die einen Diebstahl anzuzeigen haben, tun dies zunächst telefonisch unter der eigens dafür eingerichteten Nummer 902 10 21 12 (rund um die Uhr, auch auf Deutsch und Englisch). Danach wende man sich wegen der Schadensmeldung an den Servicio de Atención al Turista Extranjero (SATE) der Polizeidienststelle *(comisaría)* in der Calle Leganitos Nr. 19 (▶ C 4, satemadrid@esmadrid.com, Metro: L 3,5 Callao, L 2 Santo Domingo, L 2, 3, 10 Plaza de España, tgl. 9–22 Uhr).

Wichtige Notrufnummern
Allgemeiner Notruf: Tel. 112, **Vergiftungen:** Tel. 915 62 04 20, **Rotes Kreuz:** Tel. 915 22 22 22, **Polizei:** Tel. 091 oder 092, **Feuerwehr:** Tel. 080, **Kreditkartenverlust:** Tel. 0049 116 116, **Botschaften:** Bundesrepublik Deutschland: Fortuny 8, Tel. 915 57 90 00, www.madrid.diplo.de, Mo–Fr 9–12 Uhr, Metro: L 5 Rubén Darío; Österreich: Paseo de la Castellana 91, Tel. 915 56 53 15, www.bmeia.gv.at/botschaft/madrid, Mo–Fr 10–13 Uhr, Metro: L 10: Santiago Bernabéu; Schweiz: Núñez de Balboa 35 A, 7. Stock, Tel. 914 36 39 60, www.eda.admin.ch/madrid, Mo–Fr 9–13 Uhr, Metro: L 4: Velázquez.

L 10 Santiago Bernabéu, Mo–Sa 10–19, So, Fei 10.30–18.30 Uhr, an Spieltagen und Folgetagen kürzer, 25.Dez.–1. Jan. geschl. Das Pokalmuseum öffnet tgl. 10.30–18.30 Uhr, an Spieltagen schließt es früher. Besichtigung 16 €, Kinder 4–14 Jahre 11 €, Tickets gibt es an Schalter 10.

Golf

Ein halbes Dutzend Golfplätze liegt rund um Madrid. Infos: Federación Madrileña de Golf, Tel. 915 56 71 34, www.fedgolfmadrid.com.

Joggen

Ideal zum Joggen sind der Stadtpark **El Retiro** (▶ G/H 5–7), der **Parque del Oeste** (▶ A 1–B 4), ein zum Río Manzanares hin abfallendes Gelände, und die riesige **Casa de Campo** (▶ westl. A 4–6, Metro: L 10 Lago oder Batán).

Schwimmen

In allen Stadtteilen Madrids gibt es städtische Hallen- und Freibäder (Info: www.munimadrid.es).

Canal de Isabel II: ■ nördl. D 1, Avenida de Filipinas, Tel. 915 33 17 91, Metro: L 2, 7 Canal, Juni–Aug. tgl. 11–20 Uhr, ca. 6 €. Städtisches Freibad mit zwei Becken, Liegewiese, Bar und Restaurant.

Hotel Emperador: ■ D 4, Gran Vía 53, Tel. 915 47 28 00, Metro: L 3, 5 Callao, Mai–Sept. tgl. 11–20 Uhr, 32–40 €. Auf der Dachterrasse im 10. Stock befinden sich ein Pool, Liegen, loungeartige Sitzecken. Schon wegen der Aussicht aufs Königsschloss und über die Altstadtdächer der City lohnend.

Telefon

Alle Telefonnummern bestehen aus neun Ziffern ohne separate Vorwahl, Festnetznummern beginnen jeweils mit einer ›9‹, Handynummern mit einer ›6‹. Wer sehr viel telefoniert, sollte sich eine spanische Prepaid-Karte besorgen.

Unterwegs in Madrid

Metro

Das schnellste Fortbewegungsmittel ist in Madrid die Metro. Insgesamt elf Linien (L1–L11) erschließen die ganze Stadt (s. Metroplan auf der Rückseite des Faltplans). Die Metrozüge verkehren in kurzen Rhythmen, zur Rushhour, den *horas punta* von 7–10, 13–14.30 sowie 19–21 Uhr, herrscht Hochbetrieb. Betriebszeit ist von 6 Uhr bis ca. 1.30 Uhr.

Eine weitere Linie, die L 12, fährt zu den Vororten südlich von Madrid, und es existiert eine Metro Ligero (ML), wie die Straßenbahnlinien in die Randbezirke genannt werden.

Fahrscheine: Fahrscheine für Metro und Busse erhält man an den Automaten in den Metro-Stationen, einzelne Busfahrten können auch beim Fahrer gelöst werden. Einzelfahrscheine *(sencillo)* kosten für fünf Stationen 1,50 €, für jede weitere Station kommen je 0,10 € hinzu, bis zum Höchstpreis von 2 €. 10er-Karten (Bonometro/Metrobús) kosten 12 €. Die Entwertung erfolgt an den Zugangsschranken.

Abono Turístico: Das Touristenticket für alle öffentlichen Verkehrsmittel, erhältlich in den Metro-Stationen, kostet für einen Tag in Zone A (Stadtgebiet) 8 €, in Zone T (Region inkl. Guadalajara und Toledo) 16 €, für 2 Tage 13,40 €/26,80 € und für 3 Tage 17,40 €/33,40 €. Kinder zahlen die Hälfte.

Infos: Tel. 902 44 44 03, www.metromadrid.es; Consorcio Regional de Transportes: Tel. 012, von außerhalb Tel. 915 80 42 60, Mo–Fr 8–22, Sa 10–22, So 10–14 Uhr, www.ctm-madrid.es.

Der Umwelt zuliebe – nachhaltig reisen

Die Umwelt schützen, die lokale Wirtschaft fördern, intensive Begegnungen ermöglichen, voneinander lernen – sozial verantwortlicher und umweltfreundlicher Tourismus übernimmt Verantwortung für Klima, Natur und Gesellschaft. Die folgenden Websites geben Tipps, wie man seine Reise nachhaltig gestalten kann.

www.fairunterwegs.org: »Fair Reisen« anstatt nur verreisen – dafür wirbt der schweizerische Arbeitskreis für Tourismus und Entwicklung. Außerdem ausführliche Infos zu Reiseländern in der ganzen Welt.

www.sympathiemagazin.de: Länderhefte mit Infos zu Alltagsleben, Politik, Kultur und Wirtschaft; Themenhefte u. a. zu Regionen, Umwelt, Globalisierung.

www.zukunft-reisen.de: Das Portal des Vereins Ökologischer Tourismus in Europa erklärt, wie man ohne Verzicht umweltverträglich und sozial verantwortlich reisen kann.

Außerdem: forumandersreisen.de, respect.at, verträglich-reisen.de

Madrid »nachhaltig«: Wasser ist in Spanien ein extrem knappes Gut. Viele Hotels weisen zu Recht darauf hin: Der sparsame Umgang mit Wasser hilft der Umwelt. Tun Sie es den Madrilenen gleich, und nehmen Sie die Metro: Alle interessanten Sehenswürdigkeiten, Stadtteile und Ausflugsziele sind ›öffentlich‹ bestens erreichbar. Ökoprodukte und aus der Region stammende Lebensmittel finden Sie in großer Auswahl im Mercado de San Miguel (s. S. 30) und im Mercado de San Antón (s. S. 40). Achten Sie auf die Kennzeichnung ›*producción ecológica*‹.

Stadtbusse

Die roten EMT-Busse befahren 175 Linien. Praktisch für Besucher ist u. a. die Linie 27, die auf der Stadtachse Paseo del Prado–Paseo de Recoletos–Castellana verkehrt. Betriebszeit ist von 6 bis 23 Uhr, danach werden Nachtbusse eingesetzt *(buhos)*, die bis 2 Uhr alle 30 Min. und Fr, Sa sowie vor Feiertagen von 2 bis 5.30 Uhr alle 15–20 Min. verkehren. Sie starten alle an der Plaza de Cibeles.

Busse in die Region Madrid (grüne Farbe) starten von den Bahnhöfen Moncloa (nach El Escorial), Plaza de Castilla (Richtung Norden), Avenida de América (Richtung Alcalá de Henares) und Estación Sur de Autobuses.

Fahrscheine: siehe oben unter Metro. Einzelfahrscheine gibt es auch im Bus.

EMT-Information: Tel. 902 50 78 50, www.emtmadrid.es.

Taxis

Freie Taxis, erkennbar an der grünen Pilotlampe auf dem Dach und dem Schild ›libre‹ (frei) in der Windschutzscheibe, winkt man durch Handzeichen heran. Leider kommt es gelegentlich zu ›Unregelmäßigkeiten‹ bei der Abrechnung. Achten Sie deshalb darauf, dass der Fahrer den Taxameter zu Beginn der Fahrt einschaltet und der richtige Tarif eingegeben wurde, und lassen Sie sich evtl. eine Rechnung mit Taxinummer, Streckenangabe und Autokennzeichen geben. Generell ergibt sich der Preis aus einem Zusammenspiel von Entfernung und Zeit. Bei normalem Tempo kostet 1 km ca. 1/1,20 €.

Grundgebühren:

Tarif 1: 2,15 €, gültig von Mo bis Sa 6–21 Uhr.

Bicis – per Rad unterwegs

Auch in Spaniens Hauptstadt kommen *bicis,* Fahrräder, langsam in Mode. Dutzende neuer Radwege sind entstanden, längs der Hauptverkehrsadern im Zentrum sowie am Fluss (s. S. 69). Auf einem 65 km langen Rundweg (Anillo Verde Ciclista, Plan im Touristenbüro) kann man sogar ganz Madrid umradeln.

Die Mitnahme von Zweirädern in Nahverkehrszügen ist in der Regel kostenlos. Auch in der Metro benötigt man kein Extra-Ticket, gestattet ist der Radtransport aber nur Mo–Fr 10–12.30 und 21 Uhr bis Betriebsschluss; Sa, So, Fei ganztägig. Ein Fahrrad auszuleihen kostet rund 15–20 € pro Tag. Je länger man es anmietet, desto günstiger fällt der Preis aus. Ein Segway bekommt man für ca. 35 € pro Std. Alle aufgeführten Firmen bieten auch geführte Touren an.

Urbanmóvil: ■ Karte 2, C 6, Santiago 18, Tel. 915 42 77 71, www.urbanmovil.com, Metro: L 1, 2, 3 Sol, tgl. 10–20 Uhr. Auch Elektroräder und Segways.

Trixi Madrid: ■ Karte 2, E 5, Jardines 12, Tel. 915 23 15 47, www.trixi.com, Metro: L 1, 5 Gran Vía, März–Okt. Mo–Fr 10–14, 16–20, Sa, So 10–20, Nov., Dez., Feb. 10–15 Uhr, im Jan. geschl. Herkules-Räder; auch geführte Radtouren.

27 Bikes/Urban Bikes: ■ J 5/6, Alcalde Sainz de Baranda 16, Tel. 915 73 06 92, www.27bikes.com, Metro: L 9 Ibiza, April–Okt. tgl. 10.30–14.30, 16.30–20.30, Nov.–März 10–14, 16–20 Uhr.

Bike Spain: ■ Karte 2, C 6, Plaza de la Villa 1 (Calle Codo), Tel. 915 59 06 53, www.bikespain.info, Metro: L 1, 2, 3 Sol, Mo–Fr 10–14, 16–19 Uhr, Sa, So variable Zeiten.

Tarif 2: 2,20 €, Mo–Fr 21–6, So, Fei 6–21 Uhr.

Tarif 3: 3,10 €, Sa, So, Fei 21–6 Uhr.

Zuschläge: für Fahrten vom/zum Flughafen 5,50 €, von Bahnhöfen 3 €, vom und zum Messegelände 3 €. Telefonische Taxi-Bestellung 5 € Aufschlag.

Reklamationsstelle: Oficina Municipal de Registro, Albarracín 33, 28037 Madrid, L 5 Ciudad Lineal, Tel. 914 80 46 23, sgtaxi@madrid.es, Mo–Sa 9–13 Uhr. Unbedingt die Rechnung vorlegen.

Telefonische Taxi-Bestellung:
Tel. 914 47 51 80, 914 05 12 13,
Tel. 915 47 82 00, 913 71 21 31,
Tel. 915 47 86 00 (auch für Rollstuhlfahrer).

Nahverkehrszüge

Cercanías (durch ein ›C‹ plus Nummer gekennzeichnet) verkehren alle 10 Min. zwischen den Bahnhöfen Atocha und Chamartín (im Norden) über die Zwischenstationen Recoletos (nahe der Plaza de Cibeles) und Nuevos Ministerios. Von diesen Bahnhöfen sowie von der neuen Station an der Puerta del Sol (Eingang wie Metro), der Estación del Príncipe Pío und der Estación Méndez Álvaro fahren Züge in die Umgebung Madrids (von 5/6 Uhr morgens bis ca. 24/1 Uhr nachts). Nahverkehrszug C-1 zum Flughafen s. S. 16.

Infos: www.renfe.es

Züge

Information und Reservierung: Tel. 902 32 03 20, www.renfe.es. Oder an den Schaltern der Bahnhöfe. Es ist nicht möglich, Tickets im Zug zu kaufen.

Estación de Chamartín: ▶ nördl. G 1, Agustín de Foxá s/n, Metro: L 1, 10

Chamartín. Madrids Hauptbahnhof im Norden der Stadt, Züge nach Nord- und Ostspanien sowie internationale Verbindungen.
Estación de Atocha: ▶ G 8, Metro: L 1 Atocha-Renfe. Züge Richtung Süden sowie Hochgeschwindigkeitszüge (AVE, Avant) nach Córdoba–Sevilla, Valencia, Zaragoza–Lleida–Barcelona.

Überlandbusse

Estación Sur de Autobuses: ▶ südl. G 8, Calle Méndez Álvaro, Ecke Retama, Metro: L 6 Méndez Álvaro (mit direktem Zugang) oder Nahverkehrszug ab Príncipe Pío und Atocha-Renfe. Madrids wichtigster Busbahnhof, hier starten die meisten Busse mit Zielen im ganzen Land. Die Busgesellschaften unterhalten eigene Schalter mit Fahrkartenverkauf. Auskunft: Tel. 914 68 42 00, www.estacionautobusesmadrid.com.
Busgesellschaft Continental-Auto/Alsa: ▶ nördl. K 1, Busterminal Avenida de América, Tel. 902 42 22 42, www.alsa.es, Metro: L 4, 6, 7, 9 Avenida de América; nach Nordspanien.
Busgesellschaft La Sepulvedana: ▶ A 4: Paseo de la Florida, Tel. 902 11 96 99, www.lasepulvedana.es, Metro: L 6, 10, R Príncipe Pío, nach Segovia (von dort gibt es Anschlussverbindungen nach La Granja).

Leihwagen

Leihwagen kann man schon vor der Reise buchen (Internet, Reisebüros). Vor Ort helfen die Hotels gern bei der Vermittlung. Bezahlt wird per Kreditkarte. Die internationalen Agenturen findet man in Madrid am Flughafen sowie in den Bahnhöfen Chamartín und Atocha.
Avis: Tel. 902 18 08 54, www.avis.de
Europcar: Tel. 902 10 50 30, www.europcar.de
Hertz: Tel. 902 40 24 05, www.hertz.de

Stadtführungen

Die geführten Rundgänge von Descubre Madrid (›Entdecke Madrid‹), auch in englischer Sprache, starten täglich auf der Plaza Mayor bei der Touristeninformationsstelle **Centro de Turismo** (▶ Karte 2, D 6). Es werden Touren zu verschiedensten Themenaspekten angeboten, so z. B. Madrid im Mittelalter, die Habsburgerzeit, die Bourbonenzeit oder Literaturtouren. Im Angebot sind auch geführte Radtouren, und eine Besonderheit sind die Führungen in theatralischer Form mit kostümierten Schauspielern, 3,90–7,65 €.
Information: Centro de Turismo (s. S. 18), www.esmadrid.com/descubremadrid.

Stadtrundfahrten

Zwischen dem Prado-Museum und dem Hotel Ritz (Calle Felipe IV) starten alle 10–20 Min. die offenen Doppeldeckerbusse von **Madrid City Tour** zu Stadtrundfahrten. Die Tickets erlauben es, beliebig an den markierten Haltestellen aus- und wieder zuzusteigen. Auskunft über den Kurs und die Haltestellen gibt ein Info-Blatt, das man im Bus und an den Infostellen erhält. Infos zu den Sehenswürdigkeiten werden auch in deutscher Sprache angeboten. Im Sommer (März–Okt.) verkehren die Busse von 9 bis 22 Uhr, im Winterhalbjahr von 10 bis 18 Uhr.
Preise: Tageskarte 21 €, Kinder 7–15 Jahre und Senioren ab 65 Jahren 9 €, Kinder bis zu 6 Jahren frei; Zweitageskarte 25 €/12 €, Familienkarte für 4 Pers. 52 €. Fahrkarten erhält man im Bus, in einigen Hotels und Reisebüros sowie an den Kiosken von Madrid City Tour.
Information: Madrid City Tour, Infostellen in der Calle Felipe IV (zwischen Prado und Ritz) und auf der Plaza de España, Tel. 902 02 47 58, www.autobusturisticomadrid.com.

15 x Madrid direkt erleben

Einst gehörte die riesige Parkanlage mitten in der Stadt zu einem Sommer- und Lustschloss der spanischen Könige. Jetzt ist sie der große »Gemeinschaftsgarten« der Madrilenen. Und diese nutzen ihn ausgiebig, ob während der mittäglichen Siesta, für Spaziergänge am Sonntag oder für ein Sonnenbad im Winter ...

1| Der schönste Stadtplatz Spaniens – Plaza Mayor

Karte: ▶ D 6 | **Metro:** L 1, 2, 3 Sol

Warum ist in spanischen Städten so viel Leben auf den Plätzen? Weil man dort lebt! Auf der Plaza Mayor lebte man schon im Mittelalter. Sie ist harmonisch gestaltet, autofrei, großzügig, ein Areal der Muße – und stets menschengefüllt. Vor allem mit Touristen!

Auf dem Gelände, auf dem im Mittelalter Markt gehalten wurde, schuf man zu Beginn des 17. Jh. den Stadtplatz als geschlossenes Geviert von 120 x 100 m Länge, und zwar nach Entwürfen von Architekt Juan de Herrera, der für die Habsburgerkönige auch den Escorial-Palast schuf (s. S. 83). 1620 wurde die Plaza Mayor mit der Seligsprechung des Stadtpatrons San Isidro offiziell eingeweiht. Nach verheerenden Bränden renovierte Juan de Villanueva 1790 den Platz, der heute mit einheitlichen Gebäudehöhen, Laubengängen und den Torbögen-Zugängen ein malerisches Ensemble ist. Die Plaza Mayor war von jeher – für bis zu 50 000 Zuschauer – Kulisse für Heiligsprechungen und Stierkämpfe, für Reitturniere und prunkvolle Theaterdarbietungen, die Tribunale der Inquisition und Exekutionen. Die letzte Hinrichtung fand hier übrigens im 19. Jh. statt.

Madrid open air

An sonnigen Tagen scheint sich halb Madrid auf der Plaza Mayor zu treffen, die Touristen bevölkern sie sowieso, sitzen in einem der (überteuerten) Terrassenlokale, die rundherum ihre Tische und Stühle auf den Platz geschoben haben. Bis heute dient er bei Sommerkonzerten und Stadtfesten als Open-air-Bühne. Sonntagmorgens treffen sich unter den Arkaden die Briefmarken- und Münzensammler. Maler und Karikaturisten warten auf Kundschaft aus aller Welt. Das Reiterdenkmal von Felipe III (1616), dem Madrid seinen Stadtplatz verdankt, beherrscht die Platzmitte.

Die Loge der Könige

Das Bäckerhaus, die **Casa de la Panadería** 1 aus dem Jahr 1672, ist das älteste Gebäude des Emsembles. Es bot den Habsburgerkönigen bei Festen und Spektakeln die beste Sicht auf den Platz. Die Türme mit Gaden und spitzen Helmen sind typisch für viele Repräsentationsbauten der Habsburger. Carlos Franco erneuerte 1992 den Freskenschmuck der Fassade, er stellt die mythologische Vermählung von Erde und Wasser dar. Im Haus befindet sich die Madrider Touristeninformation. Gegenüber liegt als eine Art Zwillingsbau das Fleischerhaus, die **Casa de la Carnicería** 2. Heute wie damals sind in den übrigen Häusern Wohnungen und kleine Geschäfte untergebracht.

Hundertjährige Läden

Nur wenige der alten Traditionsgeschäfte sind unter den Arkaden geblieben. Dazu gehört in der Nordostecke des Platzes der unscheinbare Hutladen **Casa Yustas** 1, der vom echten cordobesischen Filzhut bis zur Baskenmütze eine große Auswahl hat. Auch ein paar Münzen- und Briefmarkenspezialisten sind noch da. Geblieben sind jedoch die alten Ladenfassaden aus Holz, oft baskisch-rot oder jägergrün gestrichen, auch wenn dahinter nun Souvenirs verkauft werden.

Was Sie sich ansehen sollten

Hinter dem Torbogen zur **Calle de la Sal/Calle Postas** 3 finden sich Silberhandwerker, die von den Reichen der Stadt frequentiert werden, und wunderliche Devotionalienläden. Hinter dem Torbogen in der Südostecke liegt ein historischer Ziegelsteinbau mit mächtigem Granitportal von 1717, das ehemalige Hofgefängnis. Heute gehört der **Palacio de Santa Cruz** 4 zum spanischen Außenministerium.

Kulinarisches für zwischendrin

In den Altstadtgassen rund um den Platz gibt es keinen Mangel an Gastronomiebetrieben (s. S. 32). Die Pralinés und Kuchen der 1855 gegründeten **Pastelería El Riojano** 1 (Mayor 10, tgl. ca. 10–14, 17–21 Uhr) kann man auch direkt vor Ort im Mini-Café hinter dem schmalen Verkaufsraum probieren. Herrliche Kalorienbomben!

Zwei nette Läden

Ein uriger alter Laden liegt hinter dem Torbogen zur Calle de Toledo auf der rechten Straßenseite. Die *alpargatas* (Espadrilles, Hanfschuhe) in allen Farben und Größen kosten in der **Alpargatería Casa Hernanz** 2 ab 5 € das Paar.

Eine Fundgrube mit hochwertigem spanischem Kunsthandwerk ist **El Arco Artesanía** 3 (Plaza Mayor 9, www.artesaniaelarco.com, tgl. 11–21 Uhr) unter dem Torbogen in der Südwestecke. Schmuck, Tonwaren, Tücher, Taschen und vieles mehr präsentiert dieser hübsche kleine Laden. Viele Stücke stammen aus Künstler- oder Designerhand und sind Unikate.

2| Ausflug ins Mittelalter – durch malerische Altstadtgassen

Karte: ▶ C/D 5–7 | **Metro:** L 1, 2, 3 Sol

Beim Spaziergang durch den Barrio de los Austrias, das historische ›Viertel der Habsburger‹ rund um die Plaza Mayor, kann man sich vorstellen, wie Madrid im Mittelalter aussah und ›tickte‹. Da dieses Viertel eine der Madrider Touristenattraktionen ist, laden hier auf Schritt und Tritt Tavernen und Tascas zur Einkehr.

Von der Metro-Station Sol kommend, folgen Sie zunächst der Calle Mayor, der einstigen Hauptstraße der Stadt, bis Sie links den Gebäudeblock mit der Plaza Mayor (s. S. 28) passiert haben. Direkt dahinter gelangt man links zum **Mercado de San Miguel** 1, einer schönen Markthalle vom Beginn des 20. Jh., in der allein schon der Anblick der mediterranen Delikatessen hungrig macht. Dann geht es in den abschüssigen Straßenzug **Cava de San Miguel** 1.

Die Cavas entlang

Hier beginnt eine der malerischsten Gassen der Altstadt. Die Bezeichnung *cava* verweist auf den ehemaligen Graben entlang der mittelalterlichen Stadtmauer. Die Fassaden zur Linken schließen oben bündig mit der Bebauung der Plaza Mayor ab. Deswegen sind die unteren Häuser für ihre Entstehungszeit ungewöhnlich hoch. In den Gewölben der Souterrains haben Tavernen und Gasthäuser stimmungsvolle Räumlichkeiten geschaffen – und sind entsprechend touristisch geprägt. In einem leichten Bogen geht es in die **Calle de Cuchilleros** 2, wo links ein Treppenaufgang aus Granit unter einem hohen Torbogen der Mayor endet. Die Straße mündet in den Platz Puerta Cerrada. Auch wenn ihn die belebte Calle de Segovia durchschneidet, sind die sonnenverwöhnten Lokalterrassen immer gut besucht.

Die Verlängerung der Calle de Cuchilleros, die **Cava Baja** 3, war im 18.

und 19. Jh. Madrids Straße der Herbergen, der *posadas.* Daran erinnern große doppelflügelige Holztore, durch die damals die Pferdedroschken in die Innenhöfe einfuhren. Heute ist die Cava Baja eine einzige Gourmetmeile. Ein Restaurant reiht sich an das andere, mit Holz- oder Kachelfassaden im traditionellen Madrider Stil und oft rustikal eingerichtet. Wer die Wahl hat, hat die Qual, aber in dieser Straße verhungert niemand.

Übrigens: In den Gassen rund um die Plaza Mayor saßen einst die Handwerkszünfte, die Königshaus, Adel und Bürger versorgten. Die Straßennamen erinnern daran: Messer und Degen gab es in der Calle de Cuchilleros, Körbe und Hanfschuhe in der Calle de Esparteros, Stickereien in der Calle de Bordadores ... Mit kleinen Kachelbildern kombinierte Straßenschilder geben darüber Auskunft, welches Gewerbe einst in der Gasse tätig war.

Rund um die Parroquia de San Andrés

Das Areal rund um die kompakte **San Andrés-Kirche** 4 aus dem 17. Jh., in der naive Gemälde an die Wundertaten des Stadtpatrons San Isidro erinnern, bietet den Terrassenlokalen des Szeneviertels La Latina reichlich Platz. In einem alten Adelspalast erinnert das der frühen Stadtgeschichte gewidmete **Mueso de los Orígenes** 5 ebenfalls an diesen Stadtpatron, dessen Glaube Berge versetzen konnte: Im Haus ist der Brunnen zu sehen, in dem der Sohn von San Isidro ertrunken war, doch die inständigen Gebete des Vaters ließen ihn lebend wieder herauskommen.

Auf der **Plaza de la Paja** an der Rückseite der Kirche, die man als urwüchsigen Staubplatz beließ, wurde im Mittelalter das namengebende Stroh gehandelt, denn hier lieferten die Landarbeiter den zehnten Teil ihrer Ernte an den Klerus ab. Am Platz liegt ein kunsthistorisches Kleinod: die gotische Kapelle **Capilla del Obispo** 6. Nur ein paar Schritte sind es bis zur kleinen **Iglesia de San Pedro** 7 mit einem urtümlichen Glockenturm aus dem 14. Jh.

Plaza de la Villa

Nun steuere man auf die konvexe Fassade der **Basílica Pontificia de San Miguel** 8 (18. Jh.) zu, um durch die schmalen Gässchen Puñonrostro und Cobo zur **Plaza de la Villa** hinaufzusteigen. Diesen historischen Rathausplatz umgibt ein repräsentatives Ensemble der Habsburgerarchitektur. Am ältesten ist die **Casa de los Lujanes** 9, ein Adelsanwesen des 15. Jh. Das alte Rathaus **Casa de la Villa** 10, 1586–1696 errichtet, dient heute als Museum und lohnt wegen der reichen Innenausstattung mit historischem Mobiliar, Wandteppichen, Keramiken, Lüstern und Kunstwerken einen Besuch.

Infos

Parroquia de San Andrés: Mo–Sa 8–13, 16–20, So 8–13 Uhr.
Museo de los Orígenes – Casa de San Isidro: Di–Fr 9.30–20, im Aug. bis 14.30, Sa, So 10–14 Uhr, Eintritt frei.
Casa de la Villa: Führungen Mo um 17 Uhr; Eintrittskarten gibt es in der Touristeninfo auf der Plaza Mayor (dort den Besuch anmelden).

Zum Grab des Stadtpatrons

Bis heute wird der fromme Landarbeiter in Madrid tief verehrt, ihm gilt etwa das bedeutendste Stadtfest Mitte Mai. Seine Gebeine ruhen in einer handgeschmiedeten Silberurne in der **Colegiata de San Isidro** 11 (Calle de Toledo, 8–13, So 9–14 und tgl. 18–20 Uhr). Das Vorbild dieser vom Jesuitenorden initiierten Kirche war Il Gesú in Rom. 1664 war der Barockbau mit tiefen Seitenkapellen und palastartiger Fassade fertig und diente bis 1992 provisorisch als Madrider Kathedrale.

Essen und Trinken

Im **Mercado de San Miguel** 1 (So–Mi 10–24, Do–Sa 10–2 Uhr) bieten die Probier- und Essensstände Delikatessen und leckere Tapas an. Unter den einfachen Lieblingslokalen dieser Gegend möchten wir die **Casa Revuelta** 2 hervorheben (Latoneros 3, Mo, Mi–Sa 10.30–16, 19–23, So 10.30–16 Uhr, ca. 5 €). Mitten im touristischen Zentrum wirkt das Lokal bescheiden und altertümlich – im besten Sinne. Frisch frittierte Stockfischhäppchen gehen als kulinarischer Begleiter von Bier und Wein über den Tresen. Gut und preiswert isst man im **El Madroño** 3 (Plaza de Puerta Cerrada 7, Calle de Latoneros 10, Tel. 913 64 56 29, Di–So 9–2 Uhr, Menü Mo–Fr 9 €, Sa, So 16 €) mit oft voller Außenterrasse. Es gibt auch Tapas und *raciones* – und beim Zahlen den namengebenden Likör aus den Früchten des Erdbeerbaums.

Ein typisches Tapas-und-Wein-Lokal ist die **Taberna El Tempranillo** 4 (Cava Baja 38, Di–Sa 13–16, 20–24, So 13–15 Uhr, im Aug. geschl.) im Stil einer alten *bodega.* Gemütlich ist das **Café del Nuncio** 5 (Segovia 9, tgl. 12–1.30, Fr, Sa bis 3 Uhr), wo man im Sommer draußen sitzt: auf den breiten Treppenstufen direkt an der Iglesia de San Pedro. Gut speist man im **Botín** 6 (s. S. 96), **Orixe** 7 (s. S. 97) oder **Julián de Tolosa** 8 (s. S. 92).

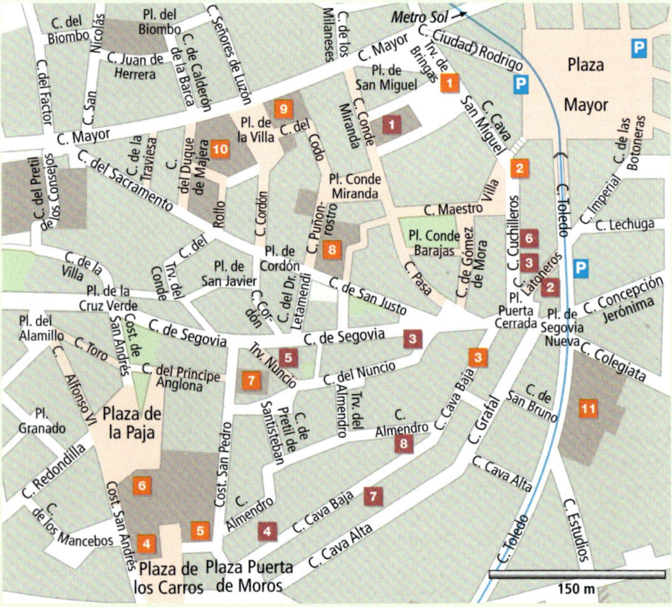

3| Königliches Ensemble – Schloss, Kathedrale, Oper

Karte: ► A–C 5/6 | **Metro:** L 2, 5 Ópera

Die Antwort auf Ihre erste Frage zum Madrider Schloss lautet: Nein, der König residiert hier nicht! Er lebt in einem kleinen Palast am Stadtrand. Lediglich zu offiziellen Anlässen nutzt er den Palacio Real, der im Übrigen als Museum für Besucher geöffnet ist. Schloss, Kathedrale und Königliche Oper sind ein majestätisches Emsemble am Westrand der Altstadt.

Palacio Real 1

Selbstverständlich hat Madrid als Sitz der spanischen Monarchen ein repräsentatives Königsschloss. Der erste Bourbonenkönig in Spanien, Philipp V., ließ es errichten, nachdem der Vorgängerbau 1734 einem Brand zum Opfer gefallen war. 1764 war der Bau beendet. Das Werk des Madrid-Architekten Ventura Rodríguez zeigt das Grundmuster eines spanischen Alcázars: Eine Vierflügelanlage aus Granit und Kalkstein, ca. 500 m lang und ebenso breit, rund um einen quadratischen Innenhof, mit einem Waffenhof vor dem Haupteingang. Im Palast schlendert man durch eine Flucht an prunkvollen Sälen, in denen einst die spanischen Könige lebten und sich mit kostbarem Mobiliar, Gemälden, Gobelins und den Dingen umgaben, die sie sammelten oder die ihnen lieb und teuer waren.

Hinter dem Eingang prunkt über der zweiläufigen **Treppe** ein Deckenfresko von Conrado Giaquinto, während Tiépolo, der auch das Treppenhaus der Würzburger Residenz ausmalte, den **Salón de Alabarderos** mit dem Fresko ›Apotheose des Äneas‹ schmückte. Durch den **Salón de Columnas** mit Brüsseler Gobelins gelangt man in den repräsentativen **Thronsaal** mit den Thronsesseln des Königspaars. Darüber lobt das Deckenfresko von Tiépolo die ›Größe der spanischen Monarchie‹.

Übrigens: An jedem Mittwoch von 11 bis 14 Uhr (außer in den Sommermonaten August und September) können Sie die Wachablösung der königlichen Garden vor dem Portal an der Plaza de Oriente verfolgen. Besonders feierlich ist das Spektakel an jedem ersten Mittwoch im Monat, wenn die Garden zu Pferd und in historischen Kostümen den Wachwechsel um 12 Uhr auf dem Waffenhof Plaza de la Armería zelebrieren.

Die drei Säle von Carlos III oder **Gasparini-Säle** enthalten Fresken des Böhmen Anton Raphael Mengs, Ölgemälde von Luca Giordano und Francisco de Goya sowie Rokoko-Stukkaturen des Neapolitaners Gasparini. Es folgen der Salon von Carlos III, der Porzellansaal, das Arbeitszimmer von Carlos III, der mit Gobelins, Fresken, Lüstern und Kandelabern geschmückte **Speisesaal** und die königlichen Sammlungen, schließlich die Schlosskapelle von Ventura Rodríguez, der Billard- und Rauchsalon sowie die Gemächer Marie Louise von Parmas.

In den Räumen von Infanta Isabel zeigt die **Gemäldegalerie** Werke von Caravaggio, Velázquez, Goya und anderen berühmten Malern.

Die königliche Waffensammlung und das Apothekenmuseum sind in den Seitenflügeln des Waffenhofes untergebracht. Die **Real Armería** 2 beeindruckt mit ihrer Sammlung mittelalterlicher und neuzeitlicher Waffen: Lanzen, Ritterrüstungen und Metallpanzer für die Pferde aus dem Erbe Karls V. und seines Sohns Philipp II. Die **Real Farmacia** 3 birgt Tiegel und Töpfchen, in denen Kräuter und andere Heilmittel aufbewahrt wurden, sowie Destillierkolben zur Herstellung von Arzneien für das Königshaus.

Catedral de Santa María la Real de la Almudena 4

Gleich neben dem Schloss liegt Madrids neue Kathedrale. Architektur und Materialien dieses Zentrums katholischer Macht harmonieren mit dem benachbarten Königspalast als Zentrum weltlicher Macht. Das erst 1993 fertiggestellte, von Papst Johannes Paul II. eingeweihte Gotteshaus hat einen hohen, hellen Innenraum, der recht eklektizistisch wirkt, aber einige große historische Kunstwerke enthält: das Retabel der Virgen de la Almudena, der Stadtpatronin Madrids (16. Jh.), den gotischen Sarkophag des Stadtpatrons San Isidro (13. Jh.), ein 20-teiliges Retabel von Pedro Berruguete und den Gekreuzigten im Altarraum von Juan de Mesa (1621).

Zum **Kathedralenmuseum** und zur **Aussichtskanzel** des Kirchturms geht es durch einen separaten Eingang (Eintritt). Die mehrschiffige **Krypta** 5 unter der Kirche (Eingang an der Cuesta de la Vega) birgt zahlreiche Grablegen und Privatkapellen adeliger und wohlhabender Madrider Bürger.

Sie ist der Ort einer historischen Legende, die in der Catedral de Santa María la Real de la Almudena ihre Auferstehung feierte: Gläubige hatten an dieser Stelle einst das Bildnis einer Madonna vor den Muslimen versteckt, die am Ende des 1. Jt. auch die kastilische Hochebene beherrschten. Alfonso VI fand es 1085 bei der Eroberung des Örtchens am Río Manzanes wieder – was man als Zeichen des Himmels wertete. Der Fundort lag bei der Krypta und gegenüber dem heutigen Park mit kargen Mauerresten der **arabischen Siedlung.**

Teatro Real 6

Isabel II, Tochter von Fernando VII, dem Madrid den Prado verdankt, beauftragte 1831 in einer Zeit politischer Wirren den Bau des Teatro Real. Der Name ›Königliches Theater‹ und die Lage direkt gegenüber dem Schloss zeigen, welche Bedeutung Isabel II dem Haus beimaß. Nach einer glanzvollen Zeit bis etwa 1925 und den folgenden Jahrzehnten des Verfalls ist Madrids Spielstätte für große Opern heute wieder ein Eckpfeiler im Kulturangebot der Stadt. Große Opern und Ballettinszenierungen kommen hier auf die Bühne. Die Schaufassade an der Plaza de Oriente ist mit Säulen und musizierenden Engeln über den Fenstern verziert. Im Übrigen entfaltet der klassizistische Bau, ein unregelmäßiges Sechseck, granitgrau wie das Königsschloss, seine Pracht im Innern. Der Hauptsaal hat rund 1700 Plätze und prunkvolle Logen, darunter die Königsloge. Die Oper besitzt ein schönes Café-Restaurant.

Öffnungszeiten

Palacio Real: www.patrimonionacional.es, Okt.–März tgl. 10–18, April–Sept. 10–20 Uhr, 24./25. Dez, 1. Jan., 6. Jan., 1. Mai, 15. Mai, 9. Nov. geschl.; 10 €, Kinder unter 16 Jahren und Rentner aus der EU 5 €, Ausstellungen 8 €, Audioguide 4 €, Faltblatt 1 €, Mi, Do 15–18, April–Sept. 17–20 Uhr für EU-Bürger Eintritt frei.
Kathedrale: tgl. 9–20.30, Juli/Aug. 10–14, 17–21; Krypta 10–20 Uhr, 1 €; Museum Mo–Sa (außer feiertags) 10–14.30 Uhr, Museum inkl. Sakristei, Kapitelsaal und Turmbesteigung 6 €.
Oper: Besichtigung Mo–Fr 10.30–13, Sa, So, Fei 11–13.30 Uhr, 5/3 €.

Plätze mit schöner Aussicht

Die Schaufassade des Schlosses zeigt zur Plaza de Oriente mit ihren gepflegten Grünanlagen. Von der Terrasse des **Café de Oriente** 1 (tgl. 8.30–1.30 Uhr) hat man sie bei Kaffee und Kuchen oder einem günstigen Mittagsmenü im Blick.
Über die Calle de Bailén erreicht man jenseits des Viadukts über der Calle de Segovia rechter Hand die Terrassen von Las Vistillas. Essen und Service des Lokals **El Ventorillo** 2 (Bailén 14, tgl. 11–1/2 Uhr) sind basic, der Ausblick hat seinen Preis: Man sitzt hier unter schattigen Bäumen mit Blick auf die Kuppeln der Kathedrale.

Königliche Gärten

Zwischen Königspalast und Manzanares-Fluss liegt der **Campo del Moro** 1 (Maurenlager), auf dem einst maurische Truppen gelagert haben sollen, als sie Madrid erobern wollten. Heute bezeichnet der Name die schönen Schlossgärten auf dem zum Fluss abfallenden Gelände unterhalb der rückwärtigen Palastfassade (Eingang am Paseo de la Virgen del Puerto, tgl. 10–18, im Sommer bis 20 Uhr).
Auch die **Jardines de Sabatini** 2 an der Nordseite des Schlosses lohnen ei-

nen Spaziergang. Eine wunderschöne, gepflegte Gartenanlage, deren heutige Struktur erst 1932 angelegt wurde (tgl. 9–21, im Sommer bis 22 Uhr).

4 | Ein Hauch von Paris – die Gran Vía

Karte: ▶ E 5–C 4 | **Metro:** L 2 Sevilla, Banco de Espana, L 1, 5 Gran Vía

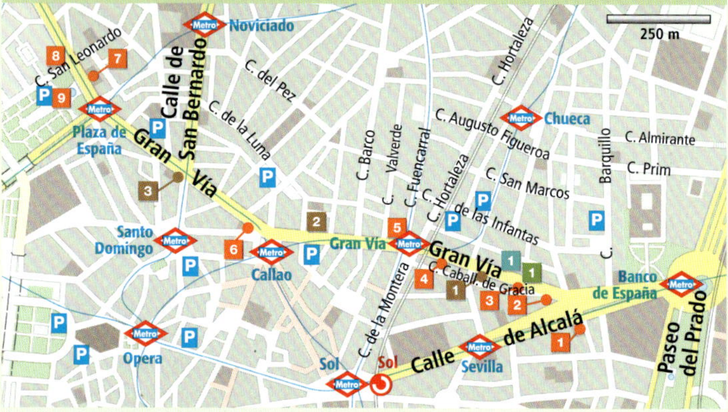

2010 feierte die ›Große Straße‹ ihren hundertsten Geburtstag. Als die Stadtväter sie planten, sehnte man sich in Madrid nach einer autofreundlichen Verbindung durch die enge Altstadt und zugleich nach einem schicken Boulevard à la parisienne. Er beginnt an der Bankenmeile Calle de Alcalá und endet auf der Plaza de España – beim Denkmal für den großen Dichter Miguel de Cervantes.

Um die Wende zum 20. Jh. erlebte Madrid ein rasantes Stadtwachstum, und es schien notwendig, die Infrastruktur des Zentrums mit Blick auf den wachsenden Autoverkehr zu verbessern. Eine zeitgemäße ›Große Straße‹ quer durch das Gestrüpp der Altstadtgassen musste her, die Gran Vía. In Paris hatte Baron Haussmann gezeigt, wie so etwas ging: einfach schnurgerade Schneisen durch die Bebauung schlagen. Ab 1910 wurden für die Gran Vía insgesamt 300 Häuser abgerissen. Bis die neue Straße an der Plaza de España ankam, verging jedoch fast ein halbes Jahrhundert. Und daher liegt nur über dem ersten Abschnitt noch ein Hauch von Paris, später blickten die Architekten lieber nach New York.

Ein grandioser Blick von oben

Genau gegenüber dem Beginn der Gran Vía besitzt der **Círculo de Bellas Artes** 1 eines der Vorzeigehäuser der Madrider Belle Époque. Der 1880 gegründete Verein der Schönen Künste organisiert Lesungen und Diskussionen, Theater- und Filmabende, Ausstellungen und Karnevalsbälle – und besitzt eines der schönsten und stilvollsten Cafés der Stadt. Dessen Fenster- oder Terrassenplätze sind geradezu Logenplätze, um in die stets betriebsame Gran Vía hineinzuschauen.

Ein Erlebnis ist der Blick vom **Dach des Hauses** (Aufzug), auf dem die tonnenschwere Skulptur einer Minerva thront. Seitlich davon schweift der Blick über die Gran Vía, das **Metrópolis-Gebäude** (s. u.) und die Terrasse des Luxushotels ADA Palace bis zu den neuen Hochhäusern im Norden und zu den Sierras am Horizont. Von der kleinen Seitenterrasse, vom Aufzug gesehen rechts, guckt man der Spanischen Bank aufs Dach und dahinter auf das äußerlich einer Kirche ähnelnde Rathaus (s. S. 76).

Flanier- und Einkaufsmeile

Wie ein Wahrzeichen erhebt sich am Eingang zur Gran Vía der Rundturm des Versicherungsgebäudes **Edificio Metrópolis** 2 (1907–11). Am Bauschmuck wurde wahrlich nicht gespart: Über der Fassade mit Ziersäulen und mythologischen Figuren wölbt sich die wohl berühmteste Kuppel Madrids, mit blattgoldverzierter Girlande und der 5 m hohen Bronzefigur einer geflügelten Viktoria obendrauf.

Übrigens: Die als vierspuriger Boulevard angelegte Gran Vía ist 35 m breit und 1316 m lang. Sie entstand in drei Etappen: 1910–17 bis zur Metro-Station Gran Vía, bis 1922 erreichte sie die Plaza de Callao, und der letzte Abschnitt bis zur Plaza de España wurde erst in den 1950er-Jahren lange nach dem Ende des Spanischen Bürgerkriegs beendet. Einen Metroanschluss erhielt die Gran Vía schon 1919. Hunderttausende Menschen passieren täglich den Boulevard, rund 50 000 Autos brausen hindurch. Die Straße bringt es auf rund 180 Geschäfte sowie 100 Hotels und Pensionen – und 13 000 Arbeitsplätze.

Überhaupt ähneln die schmucken Fassaden der unteren Gran Vía den Pariser Vorbildern und passen nahtlos zur Belle-Époque-Architektur der Calle de Alcalá. Luxusläden wie das Juweliergeschäft (mit Uhrenmuseum) im **Edificio Grassy** 3 oder die Filiale des spani-

Auf der Gran Vía herrscht tagsüber wie nachts geschäftiges Treiben

schen Designers **Loewe** 1 (s. S. 56) dominieren. Kurios ist die Scheinfassade, aus deren Mitte die Apsis einer Kirche lugt: Der **Oratorio del Caballero de Gracia** 4 (18. Jh.) stammt von Prado-Architekt Juan de Villanueva.

Die **Telefónica** 5, Sitz der spanischen Telefongesellschaft, die 1929 als erstes Hochhaus in Europa entstand und deutlich New Yorker Vorbildern abgeschaut ist, markiert den Beginn des zweiten Abschnitts der Gran Vía. Längst hat hier eine bunte Mischung von Filialen bekannter Modeketten, Fast-Food-Läden und fliegenden Händlern die vornehmen Traditionsgeschäfte verdrängt.

An der **Plaza del Callao** prangt am **Edificio Capitol** 6 von 1933, stilistisch eine Mischung aus Manhattan und deutschem Expressionismus, eine riesige Neon-Schweppes-Reklame. Handgemalte überdimensionale Kinoplakate sind bis heute ein Markenzeichen des Platzes.

Fototermin mit Maultier

Der letzte Teil der Gran Vía bietet wenig Aufregendes, aber der Weg zur Plaza de España lohnt nicht nur, weil sie eine großzügige Grünfläche mit Bänken und Spazierwegen ist. Oder weil hier mit dem **Edificio España** 7, dessen Name und Architektur an die Zeit des franquistischen Nationalstolzes erinnern, und der **Torre de Madrid** 8, mit 142 m bis 1969 das höchste Gebäude Europas, zwei stolze 1950er-Jahre-Bauten stehen. Er lohnt, um Spaniens großem Dichter Miguel de Cervantes die Reverenz zu erweisen! Größe und Gestaltung des **Cervantes-Denkmals** 9 stehen durchaus im Einklang mit der dichterischen Leistung des Mannes, der über einem kleinen Teich thront und auf seine weltberühmten Romanfiguren Don Quijote, zu Pferd, und Sancho Panza, auf einem Maultier, blickt. Jetzt heißt es: die Kamera zücken. Das tun hier alle!

Infos

Círculo de Bellas Artes 1: Marqués de Casa Riera 2 (Eingang), www.circulobellasartes.com, tgl. 8–1 Uhr, Nichtmitglieder 1 €, Dachterrasse ca. 11–19 Uhr, im Winter teils nur Sa, So, 1–2 € zusätzlich.

Kunst in der Telefónica

Die **Fundación Telefónica** 5 (Eingang: Valverde 2, www.fundacion.telefonica.com, Di–So 11– 21 Uhr) bietet Ausstellungen zur Telekommunikation und zur spanischen Kunst des 20. Jh.

Dachterrassen über der Gran Vía

Einige Hotels an der Gran Vía verfügen über Dachterrassen, auf denen man Madrid aus der Höhe erlebt. Das **Hotel De las Letras** 1 (Gran Vía 11, s. S. 88) hat eine ›Air Lounge‹, alternativ gibt es unten in der DL's Lounge Tapas und Cocktails und im DL's Restaurant Menüs (8–24 bzw. 13.30–16, 20.30–24 Uhr). Die Dachterrasse des **Best Western Hotel Atlántico** 2 (Gran Vía 38, www.hotelatlantico.es), das in einem Vorzeigebau der Gran Vía residiert, ist eigentlich den Hotelgästen vorbehalten. Mit Glück darf man sich dennoch nach oben begeben, um einen Café zu trinken (tgl. 15–24 Uhr). Der Pool im 10. Stock des **Emperador Hotel** 3 (Mai–Okt., 32–40 €, s. S. 22) ermöglicht es, einen Drink mit einem Bad oder der Pause auf einer Sonnenliege zu verbinden, was aber nicht billig ist.

Hemingways Cocktailbar

Im **Museo Chicote** 1 (s. S. 106) kehrte schon Hemingway ein und nach ihm Generationen von Intellektuellen, Schauspielern, Regisseuren. Gute Cocktails und abends Live-Musik.

5 | Szene-Feeling in Alt-Madrider Ambiente – Chueca

Karte: ▶ E/F 3–5 | **Metro:** L 1, 5 Gran Vía, L 5 Callao, Chueca

Wer reich genug ist, wählt ein anderes Quartier. Dafür bietet Chueca urige Ecken mit Alt-Madrider Bausubstanz und ein authentisches, kleinstädtisch anmutendes Ambiente. Zwischen den zahllosen kleinen Läden, Restaurants und Abendlokalen fühlt sich eine junge Szene, nicht zu vergessen die Homo-Szene, einfach wohl.

Hinter den hübschen Fassaden aus der zweiten Hälfte des 19. Jh. mit teils kunstvoll geschmiedeten Balkongittern liegen nur selten moderne Wohnungen. Eher sind es enge, kleinräumige Etablissements mit notdürftig nachgezogenen Bädern. Bis heute werden die hiesigen *pisos* den Ansprüchen an bequemes und ruhiges Wohnen häufig nicht gerecht. Als die ursprünglichen Bewohner von Chueca nach und nach wegzogen oder wegstarben, kamen daher junge Leute nach und richteten sich hier ein.

Die neue Modemeile

Seit die von der Gran Vía abzweigende **Calle de Fuencarral** 1 2009 zur Fußgängerzone umgestaltet wurde, öffnete ein Modeladen neben dem anderen. Vor allem junge Shopper kommen gern hierher. Inzwischen gewinnen die Filialen bekannter Marken wie Desigual, Mango, Cámper, Calvin Klein, Levis oder Diesel die Oberhand über die eigenwilligen Szeneläden. Sogar Designer wie Adolfo Domínguez lockt es in die ›Fuencarral‹.

Der **Mercado de Fuencarral** 1, die alte Markthalle an der Nahtstelle der Szeneviertel Chueca und Malasaña, vereint alternativ angehauchte Läden unter einem Dach. Hier gibt es alles, was man braucht, um ›in‹ zu sein: Clubwear, Accessoires, Piercing, Make-up oder Marihuanapfeifen – inklusive Internetcafé.

Schaufenster voller Schuhe

Die **Calle Augusto Figueroa** 2 ist Madrids Schuhstraße schlechthin! Dut-

Übrigens: Chueca gilt seit Jahrzehnten als Madrids Schwulenviertel. Während der letzten Juni-Woche feiert man hier daher ausgiebig die Fiesta del Orgullo Gay, das ›Fest des stolzen Gay‹. Im ganzen *barrio* herrscht dann Partystimmung, und es wird bis zum Morgengrauen gefeiert.

zende kleiner Läden zeigen als sogenannte *muestrarios* der spanischen Schuhfarikanten die Modelle der kommenden Saison und verkaufen sie auch, und das zu akzeptablen Preisen. Wer hier shoppen geht, liegt also mit Sicherheit im Trend. Neben Schuhen und Stiefeln gibt es andere Lederwaren wie Handtaschen, Gürtel, Portemonnaies.

Mittendrin – Plaza de Chueca

Die Plaza de Chueca mit der Metro-Station Chueca ist einer der Madrider Szenetreffs. Das zeigen schon die Cafés, Bars und Restaurants rund um den intimen Platz, die sich mit ihren Tischen und Stühlen auf das Pflaster ausgebreitet haben und quasi rund ums Jahr Open-Air-Plätze anbieten.

Mit dem **Truco** 1 und dem **Café Acuarela** 2 liegen zwei stadtbekannte In-Lokale der Lesben und Gays gleich beim Platz. Und die uralte Taverne **Ángel Sierra** 3 ist so hinreißend schön, dass alle hineinwollen und sich an Wochenenden Schlangen bis auf die Straße bilden. Die romantischen Deckenfresken, die Holztheke und die alten Kacheln, die Weinfässer und Regale voller angestaubter Flaschen machen aus Ángel Sierra eben eine hundertjährige Bilderbuchtaverne.

Durchs Viertel bummeln

Welche der umliegenden Gassen man auch immer ansteuert, überall finden sich kleine Läden und Gastronomiebetriebe; das Ambiente wirkt angenehm entspannt.

Seit jeher versorgte der alte **Mercado de San Antón** 1 die Bewohner von Chueca mit frischen Lebensmitteln. Der 2011 eröffnete Neubau ist mit seiner Mischung von Marktständen, Tavernen, Restaurants, Cafés, Ausstellungsflächen und Terrasse auf drei Stockwerken ganz dem heutigen Zeitgeschmack verpflichtet. Um die Ecke gibt es in der **Calle de la Libertad** (Freiheitsstraße) gleich mehrere Restaurants und eine der Kneipen, die in der Nach-Franco-Ära so richtig Fahrt aufnahmen, die Kultur mit Marihuana und Alkohol mit Protest mischten: das **Libertad 8** 4.

Nördlich der Plaza de Chueca bietet das Viertel einige Sehenswürdigkeiten. Die 1749–58 errichtete **Iglesia de las Salesas Reales** 3 birgt die Grabmäler des Königspaars Fernando VI und Bárbara de Bragança (s. S. 73). Eine wahre Augenweide ist die **Casa Palacio Longoria** 4, der Sitz des Spanischen Schriftstellerverbands – mit der wohl interessantesten modernistischen Fassade ganz Madrids. Die volkstümlichste Kirche des Viertels ist die dem Schutzheiligen der Tiere geweihte **Iglesia de San Antón** 5, die von Madrids Barockarchitekt Pedro de Ribera stammt und ein Goya-Gemälde birgt (letzte Kapelle rechts). Die zum Komplex gehörenden Escuelas Pías werden nach ihrer Restaurierung Sitz der Madrider Architektenvereinigung werden.

Für Interessierte lohnen das in einem ehemaligen Adelspalast untergebrachte **Museo del Romanticismo** 6 (Museum der Romantik) und das **Museo de Historia** 7. Letzteres ist in einem ehemaligen Hospiz des 18. Jh. mit wunderbarem Barockportal untergebracht und enthält die Kunstsammlungen der Stadt und stadtgeschichtliche Exponate.

Infos

Iglesia de las Salesas Reales 3: s. S. 73.
Iglesia de San Antón 5: Kirche 18.30–20, So auch 11–13 Uhr.
Museo del Romanticismo 6: San Mateo 13, museoromanticismo.mcu.es, Di–Sa 9.30–20.30 (im Winter bis 18.30), So, Fei 10–15 Uhr, 3 €.
Museo de Historia 7: Wiedereröffnung im Jahr 2013 geplant.

Essen und Trinken

Ob Lebensmitteleinkauf für die Selbstversorgung, Tapas probieren oder richtig essen – das alles geht im **Mercado de San Antón** 1 (Augusto Figueroa 24, www.mercadodesananton.com, tgl. 10–24 Uhr, die Marktstände im Erdgeschoss bleiben So geschlossen).
Zu den recht urigen Lokalen, die es in Chueca noch gibt, zählen die **Tienda de Vinos** 2 (s. S. 94) und **El Bierzo** 3 (Barbieri 16, Tel. 915 31 91 10, Mo–Sa 13.30 –16.30, 21–23.30 Uhr, Menüs 10/18 €), eine alte *casa de comidas* mit Hausmannskost. Die Szene zieht es ins **Bazaar** 4 (s. S. 94) oder an einen der sechs Tische des einfach anmutenden **Cisne Azul** 5 (Gravina 19, Tel. 915 21 37 99, Mo–Sa 12–17, 20–24 Uhr, ca. 35–40 €). Wildgerichte bietet das **Extremadura** 6 (s. S. 96).

Einkaufen

Die Schuhläden der **Calle Augusto Figueroa** 2 öffnen Mo–Sa 10–20 Uhr, einige schließen über Mittag. Unter den Läden der Calle de Fuencarral möchten wir drei hervorheben. Im kleinen japanischen Laden **Muji** 2 (Fuencarral 36–38, Mo–Sa 10.30–21, So, Fei 12–20 Uhr) findet man auf zwei Stockwerken viele Dinge für ein schönes Zuhause oder Büro, in überzeugend einfachem Design.
Die Hemden, Blusen, Shirts, Hosen, Röcke oder Jacken von Custo und David Dalmau aus Barcelona punkten mit fröhlichen Farben und fantasievollen Mustern und Schnitten: **Custo Barcelona** 3 (Fuencarral 29, www.custobarcelona.com, Di–Sa 10–21, So 12–20 Uhr). Eigenwillig ist auch das Design der Kleider und Röcke von **Divina Providencia** 4 (Fuencarral 42, www.divinaprovidencia.com).
Ein Tipp sind die Läden von **Lurdes Bergada** 5 (Mode, s. S. 102) und **Piamonte** 6 (Accessoires, s. S. 101).

Ausgehen

Truco 1, **Café Acuarela** 2 s. S. 110.
Ángel Sierra 3: s. S. 105.
Ist das Café **Libertad 8** 4 (Libertad 8, www.libertad8cafe.es, tgl. ca. 13– 2/3 Uhr) aktiv in puncto Kultur (Lesungen, Konzerte, viel Kleinkunst), so präsentiert sich die **Gift-Lounge** 5 (Plaza Vázquez de Mella 12, tgl. ab 19.30 Uhr) im Hotel Room Mate Óscar in coolem Design und Neon-Ambiente; gute Cocktails. Wer auf der Dachterrasse in den Pool springen möchte, zahlt dafür 40 €.

6 | Kunstmuseum der Weltklasse – Museo Nacional del Prado

Karte: ▶ F 6 | **Metro:** L 1 Atocha, Atocha-Renfe, L 2 Banco de España

Madrids ganzer Stolz! Ein Museum, das die Herzen kunstbegeisterter Menschen aus aller Welt höher schlagen lässt. Das mit der Wucht der Bilder von Velázquez, Goya und El Greco die gesamte Kunstszene anzieht. Diese Meisterwerke, dazu ein Querschnitt bester europäischer Malerei vom Mittelalter bis ins 19. Jh. sind es, weswegen sich oft geduldige Warteschlangen am Paseo del Prado bilden.

Das Museo Nacional del Prado zählt zu den berühmtesten Pinakotheken der Welt. Den Grundstock bildeten einst die Gemäldesammlungen der spanischen Könige und die Werke ihrer Hofmaler, allen voran Velázquez und Goya. Mit seinen mehr als 15 000 Werken, die trotz jüngsten Raumgewinns durch einen Anbau nicht vollständig ausgestellt werden können, bietet der Prado ein Panorama der europäischen Kunst, wobei die italienische, flämische und spanische Malerei dominieren. Raffael, Tizian, Tintoretto sowie Hieronymus Bosch, Rembrandt, Rubens – die großen Namen der Malereigeschichte sind vertreten. Und die Künstler des spanischen Goldenen Zeitalters *(siglo de oro)*: Murillo, Zurbarán und El Greco.

Ein Ensemble mit Geschichte

Das lang gezogene Hauptgebäude am Paseo del Prado ließ König Carlos III errichten, ein aufgeklärter Herrscher, der Madrid eine ganze Reihe an neoklassizistischen Gebäuden aus der Hand seines Architekten Juan de Villanueva schenkte. **Edificio de Villanueva** 1 heißt denn auch der 1785 begonnene Bau, der eigentlich eine naturwissenschaftliche Akademie werden sollte. Nach den Napoleonischen Kriegen, in denen französische Soldaten das Haus verheert hatten, und nach seiner Renovierung brachte hier jedoch Fernando VII 1819 sein Königliches Gemäldemuseum unter, seinen privaten ›Louvre‹. Den Grundstock von rund 300 Bildern ließ er aus den Königsschlössern rund um Madrid zusammentragen. Sukzessive kamen Geschenke von Adligen und nach der Säkularisierung Objekte aus aufgelösten Klöstern hinzu. Zum öffentlichen Nationalmuseum wurde der Prado erst nach der Entthronisierung von Isabel II und ihrer Flucht ins Exil 1868.

Heute verfügt der Prado über rund 4900 Werke der spanischen Malerei, je ca. 1000 italienische und flämische Bilder und etwas kleinere Kollektionen französischer, britischer, holländischer und deutscher Kunst. Diese Asymmetrien in der Sammlung spiegeln zum einen die ganz persönlichen Vorlieben der Könige, aber auch die politischen Beziehungen: Spanien und Großbritannien waren bittere Rivalen um die Vorherrschaft als Seemächte, und die Niederlande hatten sich von Spanien freigekämpft. Zu den Gemälden kommen rund 4000 Zeichnungen, 1100 Skulpturen sowie Dekorationskunst aus den Königsschlössern.

Der Kubus von Rafael Moneo

Jährlich strömen heute ca. 2,8 Mio. Menschen in das Museum und zu seinen hochkarätigen Sonderausstellungen, die rund ums Jahr gezeigt werden. Diese haben seit 2007 einen eigenen Raum gefunden: Oberhalb des Prado, neben der **Iglesia de San Jerónimo el Real**, stellt der von Rafael Moneo errichtete Erweiterungsbau seine rund 2000 m² Fläche für die Ausstellungen des Prado zur Verfügung, er beherbergt ein Restaurant und den Museumsshop sowie zusätzlichen Lagerraum für Bilder. Im Mitteltrakt des Hauptgebäudes befindet sich ein Durchgang zu diesem **Edificio Jerónimos** 2, dessen schlichte, kantige Form eines *cubo* (Kubus) aus Ziegelstein typisch für die Formensprache des bekannten spanischen Architekten Moneo ist. Der Name Edificio Jerónimos erinnert daran, dass hier früher ein Hieronymitenkloster stand. Von ihm war nur ein baufälliger Kreuzgang übrig geblieben, der Stein für Stein abgetragen wurde und jetzt im Neubau im oberen Stock einen eigenen Raum erhielt.

Publikumsmagneten ...

Nicht nur weil die Saalzählung im Hauptgeschoss des Edificio de Villanueva beginnt, sondern auch, weil hier ›oben‹ im 1. Stock die großen Meister der spanischen Malerei zu finden sind, macht es Sinn, den Rundgang über den Treppenaufgang an der Nordseite zu beginnen. Die Abteilung der italienischen Malerei präsentiert u.a. Werke von **Tintoretto** und von **Tizian**, der Karl V. mehrfach porträtierte, so in »Kaiser Karl V. nach der Schlacht bei Mühlberg«.

Die schlauchartige schöne **Galerie** zeigt ausgewählte Objekte der **spanischen Barockkunst,** so von Jusepe de Ribera, El Greco, Velázquez oder Murillo. Seitlich der Galerie staffeln sich Saalfolgen mit flämischer Malerei des 17. Jh., u. a. von **Rembrandt und Rubens,** und spanischer Malerei des **Goldenen Zeitalters.**

Übrigens: Nehmen Sie sich unbedingt einen der kostenlosen Museumspläne, die in mehreren Sprachen am Info-Stand hinter dem Eingang ausliegen. Diese stets aktualisierten Faltblätter bieten neben einem Grundriss mit allen Sälen und einem Farbleitsystem für die einzelnen Sammlungskomplexe auch genaue Hinweise, wo die von Besuchern meistgesuchten Werke hängen.

El Greco, ›der Grieche‹, der ursprünglich aus Kreta stammte, aber ab 1577 in Spanien lebte, entwickelte eine ganz eigene Bildsprache und eine für seine Zeit moderne Malweise: Die Figuren seiner tiefreligiösen Gemälde wirken irgendwie verzerrt, quasi in die Länge gezogen – und dadurch entrückt.

Rund um den Polygon (Saal 12) findet sich die weltweit einzigartige Werkschau des Hofmalers **Diego de Velázquez y Silva** (1599–1660). Vor »Las Meninas« (Hofdamen) halten Kunstfans besonders lange inne, eine Szene am Hof des Habsburger Herrschers Philipp IV., im Bild die Tochter des Königs, ihre Hofdamen und ein Hofnarr sowie der Maler selbst. In weiteren Bildern erleben wir Porträts Philipps IV. und seiner Gemahlin Maria Anna von Österreich, feinfühlige Darstellungen von Hofnarren und Zwergen, die sich die Habsburger ›hielten‹, das frühe Historiengemälde »Die Übergabe von Breda« oder wunderbar volkstümliche Szenen wie »Der Trinker« und »Die Spinnerinnen«.

Am Ende der Galerie leitet der achtseitige Saal 32 in den Südtrakt über, der auf drei Stockwerken das Œuvre des 1799 zum Hofmaler Carlos' IV berufenen **Francisco de Goya y Lucientes** präsentiert. Es lohnt sich, »Die Familie Karls IV.« zu studieren: den Kontrast zwischen königlichen Kleidern und dumm-dreisten Visagen. Und am Bildrand steht der Hofmaler höchstselbst.

Goya, der als Wegbereiter der Moderne gilt, überwältigt durch seine Vielseitigkeit und Tiefe. Publikumsmagneten sind die Bilder der Herzogin von Alba, die »Nackte Maja«, die es gleich daneben als bekleidete Version gibt. Ganz anders ist der Goya der Teppichkartons, der fröhlichen Lebensszenen und bunten Reigen. Dann gibt es die eindringlichen Ereignisschilderungen anlässlich des Kampfes der Madrider gegen Napoleons Soldaten im Jahr 1808. Und schließlich den Goya der ›schwarzen‹ Visionen *(pintura negra)* in Bildern wie »Hexensabbat« oder »Saturn verschlingt einen seiner Söhne«.

Gleich oberhalb des Prado steht die Krönungskirche San Jerónimo el Real

… und jede Menge Kleinode

Dem Italiener **Raffael** gehört die untere Galerie mit einem Kardinalwerk, nämlich »Der Kardinal«. In der flämischen und deutschen Sektion im Erdgeschoss lassen sich Kostbarkeiten entdecken wie »Der Garten der Lüste« und »Die sieben Todsünden« von **Hieronymus Bosch,** genannt El Bosco, oder von **Albrecht Dürer** »Adam und Eva« sowie ein Selbstbildnis, von **Hans Baldung Grien** das nachdenklich stimmende Werk »Die drei Lebensalter und der Tod«.

Der nördliche Bereich im Erdgeschoss zeigt schwerpunktmäßig Kirchenkunst, eine Reihe gotischer Retabeln und Triptychons. Bezaubernd sind die originalen **romanischen Fresken** aus den kastilischen Einsiedeleien San Baudelio de Berlanga (12. Jh.) und Santa Cruz de Maderuelo (13. Jh.).

Übrigens: Die Kunst lebt! Dieses Gefühl vermitteln die Kunstkopierer, die im Prado ihre Arbeit tun. Stundenlang stehen oder sitzen sie mit ihrer Staffelei vor den großen Meisterwerken und ahmen sie mit verblüffender Perfektion nach. Wer ihnen über die Schulter schaut, kann sich davon überzeugen. Diese Kunstmaler sind eine Institution im Prado, und dank ihnen umweht die alten Bilder der dezente Geruch von frischer Ölfarbe und Terpentin.

Karl V. im Kreuzgang

Der untere Mitteltrakt – mit einer Ausstellung von Skulpturen – bietet einen direkten Übergang in den neuen Annex Edificio de los Jerónimos. Per Rolltreppe oder Aufzug gelangt man nach ganz oben in den Kreuzgang des Hieronymitenklosters mit seinen doppelstöckigen Arkaden, der einen eigenen Museumssaal erhalten hat. Im lichten Raum kommen die Skulpturen Karls V. und seines Sohnes Philipps II. von Leone und Pompeo Leoni zur Geltung: Die Gemäldesammlung dieser beiden Habsburgerkönige bildete den Grundstock des Prado.

Infos zum Prado

Adresse: Paseo del Prado s/n, Tel. 902 10 70 77, www.museodelprado.es, Metro: L1 Atocha, L2 Banco de España
Öffnungszeiten: Mo–Sa 10–20, So 10–19 Uhr, 6. Jan., 24. u. 31. Dez. 10–14 Uhr, geschl. am 1.1., 1. 5. u. 25.12.
Eintritt: 12 €, reduziert 6 €, inkl. Prado-Führer 22 €, Audioguide 3,50 €, Vorverkauf im Internet unter www.entradasprado.com oder unter Tel. 902 10 70 77, gratis unter 18, EU-Bürger ab 65 und Rentner ab 60 sowie Studenten der EU unter 25 Jahren; Kombiticket ›Paseo del Arte‹ 21,60 €, Eintritt frei Mo–Sa 18–20, So 17–19 Uhr.
Eingänge: Die drei Eingänge des Villanueva-Gebäudes sind nach den drei Malern benannt, deren Denkmäler davor stehen: die Puerta de Murillo an der Südseite, die Puerta de Velázquez an der zum Paseo del Prado zeigenden Westseite und die Puerta de Goya im Nordtrakt, wo sich auch die Kassen befinden. Nur mit gelöster Eintrittskarte kann man den Velázquez-Eingang passieren, und dasselbe gilt für den Jerónimos-Eingang im Erdgeschoss des Neubaus hinter dem Prado. Der Murillo-Eingang ist Personen und Gruppen mit Reservierung vorbehalten.

Sehenswert rund um den Prado

Direkt neben dem neuen Annex steht die altehrwürdige Kirche **Iglesia de San Jerónimo el Real** 3 (Ruiz de Alarcón s/n, Mo–Sa 8–13, 17–20, Okt.–Juni 10–13, 17–20.30, So, Fei

9.30–14.30, 17.30–20.30 Uhr). ›Los Jerónimos‹ ist das Relikt eines Hieronymitenklosters von 1503, das im 19. Jh. aufgelöst wurde – die Reste des Kreuzgangs befinden sich im Edificio de los Jerónimos im Prado (s. S. 43, 45). Im ›königlichen‹ Gotteshaus schworen bereits die kastilischen Könige, die Rechte der mittelalterlichen Cortes, einer Art Parlament, zu respektieren. 1975, nach Francos Tod, fand hier die Thronerhebung von Juan Carlos I statt.
Weiter hügelauf erreicht man Gebäudeteile des ab 1631 unter Philipp IV. errichteten, im Unabhängigkeitskrieg von den Franzosen zerstörten **Palacio del Buen Retiro** 4, eines königlichen Sommerpalastes, zu dem einst der heutige Stadtpark El Retiro gehörte (s. S. 53). Der **Casón del Buen Retiro** 5 gehört zum Prado (Studienzentrum, Bibliothek). Die Kuppel über dem Lesesaal wurde von Luca Giordano ausgemalt (Besichtigung mit Prado-Ticket So 11 u. 12.30 Uhr, Anmeldung im Edificio Jerónimos beim Área de Educación).

Botanisches Paradies

Der Eingang zum wunderbaren **Jardín Botánico** 6 (Paseo del Prado, www.rjb.csic.es, 10–18, im Sommer bis 20/21 Uhr, 3 €) befindet sich gegenüber der Südseite des Prado. Eine Attraktion sind die uralten seltenen Bäume und die exotischen Pflanzen aus Lateinamerika und aus dem mediterranen Raum. Carlos III ließ den Botanischen Garten im 18. Jh. von seinem Architektenteam Francesco Sabatini und Juan de Villanueva anlegen.

Kulturzentrum und Augenweide

Am Paseo del Prado liegt das neue Kulturzentrum der Bankenstiftung La Caixa, das **CaixaForum** 7 (www.obrasocial.lacaixa.es, tgl. 10–20 Uhr). Die Schweizer Architekten Herzog & de Meuron gaben dem alten Industriebau neue architektonische Akzente, am Vorplatz ist der vertikale Garten am Nachbarhaus eine Augenweide. Vom Café im 4. Stock blickt man durch das filigrane Gewebe der aufgesetzten Rosthaube auf den Paseo del Prado.

Fürs leibliche Wohl ...

... sorgt die **Museums-Cafetería** 1; man verhungert also im Prado nicht. Nett zum Entspannen ist die Terrasse des Café-Restaurants **El Botánico** 2 (Ruiz de Alarcón 27, Tel. 914 20 23 42, 7–24, Sa, So 9–24 Uhr, Reisgerichte ab ca. 16 €), mit Blick auf den Prado und den schmiedeeisernen Zaun des Botanischen Gartens. Oder man begibt sich mit einem Sandwich, Kuchen und Coffee to go, erhältlich in der nahen **Cafetería Blanca** 3 (Calle Moreto 15, Mo–Fr 8–20, So 9–14 Uhr), in den Botanischen Garten oder den Stadtpark EL Retiro. Tapas des Sternekochs Paco Roncero gibt es im **Estado Puro** 4 unten im Hotel NH Paseo del Prado, Plaza Cánovas del Castillo (s. S. 94).

7 | Die Schätze des Barons – Museo Thyssen-Bornemisza

Karte: ▶ F 6 | **Metro:** L 2 Banco de España

Es war eine der wertvollsten Privatsammlungen der Welt, die in unmittelbarer Nachbarschaft zum Prado ihren Platz gefunden hat: die Gemäldesammlung des Barons Hans Heinrich Thyssen. Sie hauchte einem alten Madrider Adelspalast neues Leben ein.

Das **Museo Thyssen-Bornemisza** 1 bezog 1992 den neoklassizistischen Palacio de Villahermosa am Paseo del Prado. In diesem Madrider Adelspalast hat der von Hans Thyssen und Sohn Hans Heinrich Thyssen-Bornemisza erworbene grandiose Bilderschatz einen würdigen Rahmen gefunden. 1993 kaufte der spanische Staat einen Gutteil der Sammlung auf. 2004 wurde das Museum um einen Anbau erweitert, in dem die feine Kollektion von Thyssens letzter Frau Carmen Thyssen-Bornemisza gehängt ist – sozusagen in harmonischer Ehe mit der Hauptsammlung.

Ein Lehrgang in Sachen Kunst

Die Anordnung der Bilder folgt chronologischen Gesichtspunkten, das Museum ist quasi als Lehrgang durch die Geschichte der Malerei vom 13. bis 20. Jh. aufgebaut. Der Bogen spannt sich von früher italienischer Kunst bis zur experimentellen Avantgarde und zu Pop Art. Der klassische Rundgang führt von oben nach unten. Im Obergeschoss geht es mit der mittelalterlichen italienischen Malerei los, dann folgen Meisterwerke aus Renaissance, Barock und Klassizismus. Die flämischen und holländischen Porträts, Genreszenen, Stillleben und Landschaften des 17./18. Jh. finden im Mittelgeschoss ihre Fortsetzung.

Gut dokumentiert ist im 1. Stock der Impressionismus – mit einer Paradeschau der Kunst von Manet, Renoir, Degas, Toulouse-Lautrec, van Gogh, Gauguin, Cézanne, Kokoschka und Matisse. Und das Gleiche gilt für den Expressionismus, der u. a. durch Munch, Nolde,

Schiele, Kirchner, Heckel, Pechstein, Schmidt-Rottluff, Feininger, Kandinsky, Macke und Marc sowie durch Max Beckmann, Otto Dix und George Grosz vertreten ist.

Im Erdgeschoss kommt das 20. Jh. zum Zuge, die experimentelle Avantgarde und die klassische Moderne. Hier werden Werke russischer Künstler ebenso gezeigt wie Bilder von Mondrian, Schwitters, Braque, Gris, Picasso und Dalí sowie von Max Ernst, Paul Klee, Marc Chagall bis hin zu den Nordamerikanern Jackson Pollock, Mark Rothko oder Edward Hopper.

Übrigens: Mit Erfolg engagierte sich Carmen Thyssen-Bornemisza gegen die Pläne der Stadt, den Kunstboulevard Paseo del Prado grundlegend umzukrempeln. Demonstrativ fesselte sich die Baronin an die hundertjährigen Bäume, die den Plänen zum Opfer fallen sollten, und hatte mit ihrer öffentlichkeitswirksamen Aktion Erfolg: Die Bäume bleiben einstweilen!

Sammlung Carmen Thyssen-Bornemisza

Auf allen drei Ebenen finden sich Übergänge von der Hauptsammlung in den Anbau, und auch die inhaltliche Verzahnung ist durchaus gelungen. Schwerpunkte der Kollektion sind die Holländische Schule des 17. Jh., die Landschaftsmalerei sowie der Impressionismus, der deutsche Expressionismus und der Fauvismus.

Infos

Paseo del Prado 8, Tel. 902 76 05 11, www.museothyssen.org, Di–So 10–19, Kassen bis 18.30 Uhr, 9/6 €, bis 12 Jahre gratis, Ausstellungen kosten extra; Kombiticket Paseo del Arte 21,60 €.

Essen und Trinken

Das Museum hat ein modern designtes **Café-Restaurant** 1 – unter einem Rasendach, mit kleiner Außenterrasse.

Um die Ecke gibt es wahlweise Sushi vom Laufband oder gehobene japanische Küche im **Ginza** 2 (Plaza de las Cortes 3, Tel. 914 29 76 19, Di–Sa 13–16, 20.30–24, So 13–16 Uhr). Für ein Menü sollte man 30–50 € rechnen.

In der Umgebung ansehen

Inmitten der Plaza de Cánovas del Castillo, an die der **Prado** 2 und das Thyssen-Museum sowie die Belle-Époque-Luxushotels **Ritz** 3 und **Westin Palace** 4 stoßen, steht der römische Wassergott Neptun über einer kreisrunden Brunnenschale und blickt Richtung Stadtzentrum. Die **Fuente de Neptuno** 5, 1707–84 von Juan Pascual de Mena in Stein gehauen, ist einer der schönsten Brunnen der Stadt. Gegenüber dem Museum erhebt sich aus der Plaza de la Lealtad ein 29 m hoher **Obelisk** 6 als Denkmal für die 1808 beim Aufstand gegen Napoleon gestorbenen Madrilenen und alle für das Vaterland gefallenen Spanier.

8| Tempel der modernen Kunst – Centro de Arte Reina Sofía

Karte: ► F 7/8 | **Metro:** L 1 Atocha, Atocha-Renfe

Wer sich für moderne Kunst interessiert, muss das MNCARS, so die Abkürzung des Kunstzentrums Reina Sofía, einfach gesehen haben. Es hat sich seit der Eröffnung 1993 eine herausragende Reputation erarbeitet, die es der umfangreichen Sammlung von Kunst aus dem 20. Jh. ebenso verdankt wie spannenden Ausstellungen und Veranstaltungen. Schon wegen Picassos »Guernica« lohnt ein Besuch.

Ein abweisend wirkender klassizistischer Bau, den Francesco Sabatini im Auftrag von König Carlos III 1781 als Stadtkrankenhaus errichtete, ist Sitz des **Museo Nacional Centro de Arte Reina Sofía** 1. Nur die gläsernen Aufzugsschächte vor der Hauptfassade lockern die Strenge des Gemäuers ein wenig auf. In den weiten Fluren und Sälen des Sabatini-Baus, rund um einen schönen Innengarten gelegen und ganz in Weiß gehalten – eben wie in einem Krankenhaus –, lenkt nichts von der Betrachtung der Kunstwerke ab. Die neuen Anbauten von Jean Nouvel folgen einer ganz anderen Architektursprache. Seine beiden Flügel mit Ausstellungssälen, Bibliothek und Restaurant-Café, die einen Innenhof mit einer Skulptur von Roy Lichtenstein einfassen, wirken leicht, transparent, luftig. Schon diese so widersprüchlichen und doch miteinander harmonierenden Gebäude sind eine Attraktion, ein spannender Dialog von Alt und Neu.

Die Kunst des 20. Jh. verstehen

Die ständige Sammlung des Museums wird im 2. und 4. Stockwerk des Sabatini-Baus sowie in den Sälen 001 und 104 des Nouvel-Gebäudes gezeigt. Gemälde, Fotokunst, Filme und Dokumente des 20. Jh. sind jeweils zu Erzählräumen komponiert, die Kunstströmungen im soziokulturellen Kontext vorstellen und begreifbar machen sollen.

Im 2. Stock und dort beginnend mit Saal 201 werden unter dem Titel »Der Anbruch des 20. Jh.: Utopien und Konflikte (1900–1945)« die für die Kunstentwicklung in der ersten Hälfte des 20. Jh. grundlegenden Strömungen wie Kubismus, Konstruktivismus oder Surrealismus präsentiert und international bekannt gewordene spanische Maler wie Juan Gris, Joan Miró, Salvador Dalí oder Pablo Ruiz Picasso vorgestellt.

Der Katalane Joan Miró (1893–1983), der mit seiner eigenwilligen Bildsprache die Motive zu symbolischen Kürzeln und Elementarteilchen schrumpfen ließ, wird ebenso ausführlich gewürdigt wie sein Landsmann Salvador Dalí, dessen Name untrennbar mit dem Surrealismus verbunden ist. Dalí ist der Maler der sich zersetzenden Materie, der beängstigend deformierten Figuren und Gegenstände wie aus einer anderen Welt. Er lebte eine Zeitlang in Madrid und schloss dort Freundschaft mit dem Filmemacher Luis Buñuel, der später nach Mexiko auswanderte, und dem andalusischen Dichter Federico García Lorca. Dalís Malkunst, frühe Filme von Buñuel und sogar Lorcas Dichtungen päsentieren die Säle 203–205.

Ergreifend – Picassos Anti-Kriegsbild »Guernica«

Saal 206 bietet mit Pablo Ruiz Picassos (1881–1973) Jahrhundertwerk »Guernica« und vielen vorbereitenden Detailstudien zu diesem Opus den Höhepunkt des Kunstzentrums. Der in Málaga geborene Künstler schuf »Guernica« als

Picassos »Guernica« zählt zu den Hauptattraktionen des Centro de Arte Reina Sofía

Gegensätze ziehen sich an – die Verbindung des alten Stadthospitals mit dem erfrischend modernen Anbau von Jean Nouvel mutet selbst wie ein Kunstwerk an

Auftragsarbeit für den Spanischen Pavillon auf der Pariser Weltausstellung von 1937. Das 3,49 x 7,76 m große Bild bewertete Picasso selbst als sein einziges Werk mit bewusst propagandistischer Absicht. Es entstand unter dem Eindruck der erbitterten Bürgerkriegsschlachten in Spanien und der Bombardierung der baskischen Stadt Guernica, die durch die deutsche Legion Condor am 26. April 1937 in Schutt und Asche gelegt wurde – eine Aktion zur Unterstützung des späteren Diktators Francisco Franco, der siegreich aus dem Bürgerkrieg hervorging. Das Bild, auf die Farben Schwarz, Grau und Weiß reduziert, bietet ein Szenario des Grauens und der Bestialität des Krieges. Mit Filmsequenzen, Plakaten, Fotos und Kunstwerken reproduzieren die umliegenden Säle die Aura der Bürgerkriegszeit, in der das Bild entstand. Darunter befinden sich Skulpturen von Julio González und Alberto Sánchez.

Die Kunst der Nachkriegszeit

Im 4. Stock geben die Gemälde und Installationen die Entwicklung der Kunst nach dem Spanischen Bürgerkrieg bzw. nach dem Zweiten Weltkrieg und die Vielgestaltigkeit jüngeren Kunstschaffens wieder, und zwar in einer Zusammenschau von Malerei, Skulptur, Fotokunst und Filmschaffen sowohl spanischer wie internationaler Arbeiten.

Übrigens: Filmliebhaber können im Museum einige frühe Filme von Luis Buñuel in Ruhe anschauen, darunter »Der andalusische Hund«. Das Drehbuch für diesen Film hatten Dalí und Buñuel zusammen geschrieben, und zwar binnen zwei Wochen. »Land ohne Brot« läuft in der »Guernica«-Sektion und dokumentiert auf ergreifende Weise die Armut der spanischen Landbevölkerung zu Beginn des Bürgerkriegs.

Antifranquistische Plakatkunst steht hier ebenso auf dem Programm wie Alfred Hitchcocks »Fenster zum Hof«. Neben einem guten Fundus an Kunst aus Nord- und Südamerika finden sich auch Werke von Francis Bacon, Jean Dubuffet, Vassily Kandinsky, Paul Klee oder Henry Moore.

Bemerkenswerte spanische Künstler sind Antonio Saura und Antonio Tàpies. Letzterer wurde berühmt für seine ›Materialgemälde‹ – aus Sackleinen, Holz, Draht, Sand und Ölfarbe. International bekannt wurde auch der baskische Bildhauer Chillida, von dem zahlreiche Eisenskulpturen ausgestellt sind.

Postmoderne

Zwei großräumige Säle im Nouvel-Bau widmen sich der Zeit der Revolten und der Postmoderne ab 1962. In der Kunst spiegeln sich politische und soziale Bewegungen wie die 68er Studentenrevolten oder der Feminismus. Ebenso gab es junge alternative Experimente von Straßenkunst bis Underground.

Infos

MNCARS: Santa Isabel 52, www.museoreinasofia.es, Mo, Mi–Sa 10–21, So, Fei 10–19 Uhr, 6 €, Mo, Mi–Fr ab 19, Sa ab 14.30 u. So gratis, Paseo-del-Arte-Ticket 21,60 €. Im Aug./Sept. Sa bis 23 Uhr geöffnet.

Blick von oben!

Von der Dachterrasse des neuen Museumstraktes, auf die man per Lift und Rolltreppen gelangt, bietet sich ein grandioser Blick über Madrid.

Lohnend in der Umgebung

Gegenüber dem Museum steht die Jugendstilfassade der um die Wende zum 20. Jh. errichteten **Estación de Atocha** 2. Der lange Ziegelsteintunnel hat als Bahnhof ausgedient – und ist nun ein tropischer Wintergarten. Dahinter liegt der Bahnhofsneubau von Rafael Moneo (der auch den Prado-Anbau errichtete). Die **Homenaje a las Víctimas del 11 de Marzo** 3 (Di–So 11–14, 17–19 Uhr), im Betriebsbereich der Nahverkehrszüge *(cercanías)*, gedenkt der Opfer des 11. März 2004: Damals sprengten muslimische Fundamentalisten volle Vorortzüge in die Luft. Der gläserne Zylinder ist mit einer Folie voller Worte der Trauer ausgeschlagen.

Die Füße vertreten

Nicht nur für Bücherfans ist der Spaziergang über die autofreie **Cuesta de Claudio Moyano** 1 ein Genuss. Die Gasse führt zwischen Botanischem Garten und dem kunstvollen schmiedeeisernen Gitter des Landwirtschaftsministerium entlang, vorbei an den hölzernen *casetas,* den rustikal anmutenden Buchkiosken.

Essen & Trinken

Bodegas Rosell 1 (General Lacy 14, Di–Sa 12–16.30, 19–24, So 12–16.30 Uhr). Romantische *azulejo*-Motive schmücken die Fassade der ehemaligen Weinhandlung, die nun als Taverne zu Wein oder frisch gezapftem Bier (Cruzcampo) eine Auswahl von über 50 verschiedenen Tapas und *raciones* anbietet.

Gleich beim Haupteingang in den Altbau des MNCARS, unten im **Hotel Mediodía**, bekommt man bei **El Brillante** 2 ein Calamares-Brötchen auf die Hand (tgl. 6.30–1.30 Uhr). Rund 80 000 kg Calamares, in Kichererbsenmehl gewendet und dann in Olivenöl frittiert, werden hier alljährlich zwischen die Brötchen (5,50 €) geschoben, für die mancher Madrilene eigens den Weg hierher antritt.

9| Ein Garten für alle – der Stadtpark El Retiro

Karte: ▶ G/H 5–7 | **Metro:** L 1 Atocha, Atocha-Renfe, L 2 Retiro, L 9 Ibiza

Was Sie hier erwartet? Eine riesige gepflegte Parkanlage, in der sich einst die spanischen Könige verlustierten. Eine relaxte Stimmung, Stunden der Muße. Im Winter ein wohltuendes Sonnenbad, im Sommer ein schattiges Plätzchen. Highlife und Amüsement: Gaukler, Musiker, Handleser, Masseure, Flaneure, Liebespaare, Jogger und Herrchen oder Frauchen mit Hund ...

Seit aus dem Königsgarten El Retiro (von *retirar,* sich zurückziehen) ein Volkspark wurde, verlustiert sich hier die ganze Stadt. Madrids Stadtpark spielt im urbanen Leben eine Schlüsselrolle. Er ist eine Art gemeinsamer Garten. Zumindest einmal den zentralen Spazierweg Paseo Salón del Estanque entlangspazieren und über den See schauen.

Mit 120 ha Grün bietet der Retiro ein gutes Stück urbaner Lebensqualität. 1631–35 hatte Philipp IV. auf dem Gelände die Sommerresidenz Palacio del Buen Retiro anlegen lassen, die Anfang des 19. Jh. im Unabhängigkeitskrieg weitgehend zerstört wurde. Nach Ausrufung der Ersten Republik 1873 wurde das Gelände der Öffentlichkeit zugänglich gemacht.

Rund um den See

Zentrum des Parks ist der künstliche See, der **Estanque** 1, der gern für Bootspartien genutzt wird. Die sonnenbebrillten Gäste der *kioskos* rundherum schauen den rudernden Pärchen und Familien zu, während sie an einem *granizado* oder einem *café con leche* schlürfen. Als Platz für ein Sonnenbad sind die Granitbänke im Säulenrund um das **Denkmal für Alfonso XII** 2 und die Treppenstufen zu seinen Füßen besonders beliebt – Achtung, hier sind auch schon mal Taschendiebe unterwegs.

Drei-Brunnen-Route

Den Retiro schmücken großartige Brunnenanlagen. Die Endpunkte des Paseo Salón del Estanque markieren die **Fuente de los Galápagos** 3 – mit wasserspeienden Kröten, Schildkröten und Dickwansten, die mit Delfinen kämpfen – und der schöne **Artischockenbrunnen** 4, der unter Carlos III in Auftrag gegeben worden war, eine Lobpreisung der Heilkraft der Pflanzen. Die Hauptpromenade durch den Retiro-Park führt weiter zu einem besonders schönen und zugleich kuriosen Brunnen, der immer wieder als Hommage an den Teufel interpretiert wird: Denn der **Ángel Caído** 5, der ›Gefallene Engel‹, ein Werk von Ricardo Bellver (1885), stellt die Vertreibung von Luzifer aus dem Paradies dar.

Kunst im Stadtpark

Schon wegen ihrer Architektur, deutlich dem Neomudéjarstil verpflichtet, und wegen ihrer Lage zwischen alten Bäumen und an einem kleinen Teich sollten Sie den **Palacio de Velázquez** 6 und den **Palacio de Cristal** 7 aus dem 19. Jh. ansteuern. In beiden Gebäuden, v. a. aber im ›Glaspalast‹ finden gelegentlich Ausstellungen zeitgenössischer Kunst statt, die der Centro de Arte Reina Sofía organisiert, denn diesem hochkarätigen Museum sind sie angegliedert.

Unternehmungen

Ruderbootverleih 1: Infotelefon 915 74 40 24, 10–17.30 Uhr bzw. bis Sonnenuntergang, Boote kosten für 45 Min. 4,65 €, Fahrten mit dem solargetriebenen Barco Solar 1,20 €/Pers., tgl. Di–So 10–14, 16 Uhr bis Sonnenuntergang.

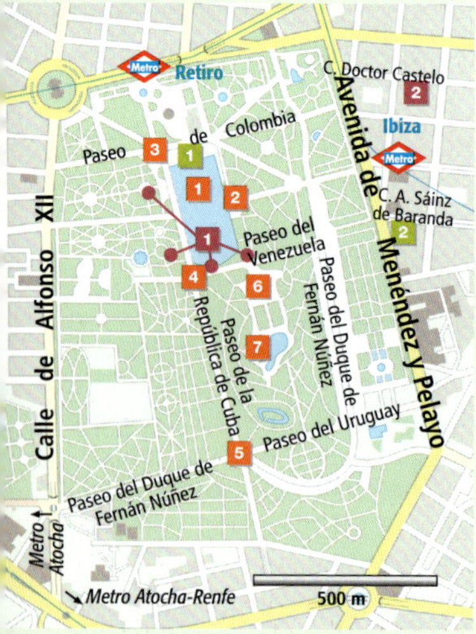

Bei **27 Bikes/Urban Bikes** 2 (Alcalde Sainz de Baranda 16, Tel. 915 73 06 92, www.27bikes.com, Metro: L 9 Ibiza, tgl. 10/ 10.30–14/14.30, 16/ 16.30–20/20.30 Uhr, 6 €/Std., 15 € pro Tag) kann man ein Rad für Touren durch den Stadtpark ausleihen.

Essen & Trinken

Kleinigkeiten bekommt man in den **Kioskos** 1 mit Blick auf den See. Sie haben alle *granizado* im Getränkeangebot. Unbedingt einmal probieren, das ist ein erfrischendes Sommergetränk aus zerstoßenem Eis mit Limonensaft.

Wer Lust auf Tapas und Meeresfrüchte hat, geht die paar Schritte zu **La Castela** 2 (Doctor Castelo 22, Metro: L 9 Ibiza, L 2 Príncipe de Vergara, Mo–Sa 11–16, 20–24 Uhr). In den 1920er-Jahren wurde in diesen Räumlichkeiten Wein verkauft, heute verwöhnt die schöne Bodega mit schmackhaften Tapas und *raciones* zu Bier und Wein ihre Gäste. Der Barraum mit seinen alten Kacheln und der Zinktheke hat Charme.

10| Nobelshopping im Salamanca-Viertel – Calle de Serrano

Karte: ▶ G 3–5 | **Metro:** L 2 Retiro, L 4 Serrano

Der Laufsteg für alle, die sich für Mode interessieren. Milla de Oro, Goldene Meile – so nennt man die Calle de Serrano in Madrid: Namhafte Designer und Modeschöpfer aus Spanien und aller Welt machen hier ihre Kreationen zu ›Gold‹. Na ja: Sie müssen hier ja nicht gleich einkaufen!

Versace, Prada, Dior, Yves Saint Laurent oder Luis Vuitton – sie alle haben ihre Filialen im Viertel Salamanca. Auch die Crème de la Crème der spanischen Modeschöpfer zeigt hier, was man in der kommenden Saison trägt – wenn man das nötige Kleingeld dazu hat. Andererseits bekommt man die exklusiven Stücke im Vergleich zu Mailand oder den international hoch gehandelten Markennamen geradezu günstig. Und wenn es am Ende nur Windowshopping wird – ein Spaziergang durch Madrids nobelste Einkaufsmeile lohnt sich allemal. Zur Zeit des Schlussverkaufs im Januar und August lassen die Preise übrigens kräftig nach.

Spaniens Modeschöpfer auf einen Streich

Praktisch alle großen spanischen Modelabels präsentieren sich gleich im unteren Abschnitt der Nobeleinkaufsmeile, zwischen Plaza de la Independencia und Calle de Goya. Schaufenster an Schaufenster nur Schönes, Kreatives, Edles: Kleider machen Leute!

Im zweiten Häuserblock nördlich der Plaza de la Independencia präsentiert der Galicier **Adolfo Domínguez** 1 (Serrano 5) in einem wunderbar designten Stadthaus auf mehreren Stockwerken seine Kreationen: ein minimalistisches Modekonzept klarer Linien und vornehmer Schlichtheit, teils ungewöhnliche Texturen. Ganz oben im Haus kann man zwischen den Anproben sogar fürhstücken oder lunchen.

Traditions-Café seit 1888 – im Gijón nehmen nicht nur die Madrider Schriftsteller ihren Café

Gegenüber dem Archäologischen Museum gibt sich die Mode von **Custo Barcelona** 2 (Serrano 16) aus Katalonien sowie der ebenfalls spanischen Marke **Hoss Intropia** 3 (Serrano 18) jung und kosmopilitsch. Hinter dem Laden von **Pedro del Hierro** 4 (Serrano 24), Maler und Modeschöpfer, der gut tragbare Prêt-à-Porter-Mode macht, folgt eine Filiale des mallorquinischen Schuhspezialisten **Camper** 5.

Ein Zentrum feiner Läden ist auch der etwas versteckt liegende Callejón de Jorge Juan, ein Seitengässchen der gleichnamigen Calle. Sybilla Soronda, gebürtige Amerikanerin, deren Schöpfungen bereits in Almodóvar-Filmen ihren Triumphzug feierten, zeigt im **Jocomomola** 6 (Callejón de Jorge Juan 12) ihre zweite, an junge Menschen gerichtete Modelinie. Und hier hat der Macher einer spanischen Top-Schuhmarke seine Adresse: Binnen drei Generationen hat sich **Pedro García** 7 (Callejón de Jorge Juan 14) ein internationales Renommee erarbeitet. Mit einer Fabrik in Alicante hatte einst alles begonnen. Um die Ecke locken übrigens die schicken Accessoires von **Piamonte** 8 (Lagasca 28) – ein hübsches Geschenk findet sich immer darunter.

Zurück zur Calle de Serrano, zur Galicierin **Purificación García** 9 (Nr. 28): Da gibt es Sportlich-Elegantes aus Natur- und hochwertigen ›Kunststoffen‹ wie Glasfasern oder Neopren. Dann der Klassiker unter den spanischen Haute-Couturiers: **Loewe** 10 (Serrano 26 und 34) steht für edle Kleidung und edle Accessoires schlechthin, er arbeitet gern mit feinem Wildleder und Leder, typisch spanischen Materialien.

Zwei Häuserblocks nordwärts zeigt **Roberto Verino** 11 (Serrano 33) seine Passion fürs Schwarze – und für Parfum!

Ob Moda-Shopping oder nur Moda-Looking – ein abschließender Gang durch die schöne Markthalle von Salamanca könnte wieder Bodenhaftung bringen. Schon weil im **Mercado de la Paz** 12 vor allem die Gaben von Mutter Erde im Zentrum des Interesses stehen: Lebensmittel, Delikatessen, Blumen, und es gibt gute Essensstände.

Öffnungszeiten der Läden

Faustregel: Mo–Sa 10–20.30 Uhr.
Mercado de la Paz: Ayala 13, weiterer Eingang an der Calle de Lagasca, www.mercadodelapaz.com, Mo–Fr 8.30–15.30, 17–20.30, Sa 8.30–15.30 Uhr.

Sehenswertes in der Gegend

In den **Jardines del Descubrimiento** 1 (›Entdeckungsgärten‹) symbolisieren drei riesige Steinblöcke die Schiffe, mit denen Kolumbus 1492 nach Amerika segelte. Eingemeißelte Reliefs und Inschriften erzählen von der Entdeckungsgeschichte. Das Denkmal schuf 1992 Joaquín Vaquero Turcios. In Sichtweite steht der Held dieser Geschichte, die Spanien ein riesiges Kolonialreich bescherte: Auf einer Verkehrsinsel in der Plaza de Colón steht **Kolumbus** 2 auf einem fein ziselierten, neogotischen Sockel von 1885.

Der riesige neoklassizistische Gebäudeblock aus der zweiten Häfte des 19. Jh. an der Südseite der Entdeckungsgärten enthält zwei Museen mit Zeugnissen der spanischen Kulturgeschichte: das **Museo Arqueológico Nacional** 3 (vorübergehend geschl., s. S. 79) und das Museum der **Nationalbibliothek** 4 (s. S. 72).

Am Südende der Calle de Serrano wurde 1779 zu Ehren von König Carlos III ein gewaltiger Triumphbogen, die **Puerta de Alcalá** 5, in der Mitte der Plaza de la Independencia platziert.

Sandwich oder Szene-Gastronomie

Im **El Jardín de Serrano** 13 (Goya 6–8), einer Ladengalerie mit Boutiquen, bietet das **Café Mallorca** 1 Sandwiches, Kuchen und kleine Gerichte an. Durch seine Fenster geht der Blick in einen der grünen, großzügigen Innenhöfe von Salamanca. Oder man geht in eines der angesagten Design-Restaurants der Stadt: das **Pan de Lujo** 2 (s. S. 95).

Die Madrider Literaten-Cafés

Kaffeehäuser haben in Madrid eine lange Tradition, sie waren und sind Treffpunkte von Schriftstellern, Intellektuellen, Politikern, Debattierzirkeln *(tertulias)* – und sind daher bis spätnachts geöffnet. Am Paseo de Recoletos liegen gleich zwei hundertjährige Cafés nah beieinander. Das **Café del Espejo** 3 (Nr. 31, Mo–Fr 10.30–1, Sa ca. 16–2 Uhr) mit Spiegeln *(espejos)* und Jugendstilinterieurs hat auf der Flanierzone des Paseo eine zusätzliche Außenterrasse mit einem schönen Pavillon aus Eisen und Glas. Auch im 1888 von einem Asturer gegründeten **Café Gijón** 4 (Nr. 21, tgl. 7–2 Uhr) haben Generationen von Dichtern und Schriftstellern die Stühle blankgesessen. In beiden Lokalen kann man auch Kleinigkeiten essen.

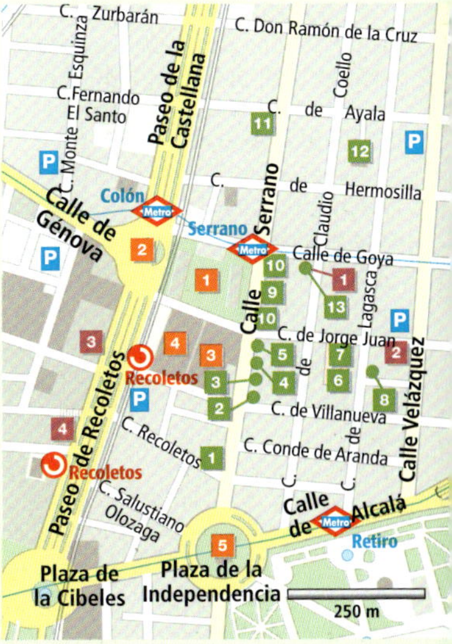

11| Tavernenbummel im Literatenviertel – Huertas

Karte: ► R 8–Q 9 | **Metro:** L 1 Antón Martín, L 1, 2, 3 Sol

Das Zentrum des Madrider Nachtlebens rund um die Plaza de Santa Ana: Die Zahl der Kneipen und Restaurants, junger Musikclubs und Szenetreffs ist in Huertas, dem ›Dichterviertel‹, kaum noch zu überschauen. Auch geradezu museal anmutende Tavernen gibt es noch ...

Huertas wird in Madrid *Barrio de las Letras* genannt, Dichterviertel. Viele Gassen sind nach großen Schriftstellern benannt, die hier einst lebten, wie der »Don Quijote«-Autor Miguel de Cervantes oder Lope de Vega, der ›spanische Shakespeare‹. Bekanntermaßen kann Wein das Dichten und Fabulieren schon beflügeln, und deswegen scheint es kein Zufall, dass sich in Huertas einige der ältesten Tavernen der Stadt befinden und sich das Viertel zu einem Zentrum des Nachtlebens entwickelte.

In den Tavernen verbrachten Generationen von Madrilenen und eben auch Schriftsteller, Politiker, Künstler die Stunden nach dem Sonnenuntergang. Zusammensitzen und Debattieren, dazu an einem Wein oder Sherry nippen und ein paar Oliven oder Gambas verzehren – das ist hier eben ein guter alter Brauch.

Der Platz der heiligen Anna

In Huertas beginnen und enden alle Wege auf der **Plaza de Santa Ana.** Eine Schmalseite nimmt das 1704 gegründete, 1802 im neoklassizistischen Stil erneuerte **Teatro Español** 1 ein. Das Gebäude gegenüber, mit großen Fenstern und ›Leuchtturm‹ auf dem

Dach, stammt vom Anfang des 20. Jh. und gehört nun dem **Hotel ME Madrid** 2. Unter all den Bars am Platz, deren Außenterrassen nachts proppevoll sind, sticht die 1904 gegründete **Cervecería Alemana** 1 hervor. In der ›Deutschen Bierstube‹ fließt ebenso spanisches Bier in die Gläser, wie die *raciones* und *tapas* typisch spanisch sind. Im letzten Jahrhundert kehrten hier Stierkämpfer und Politiker, Intellektuelle und Schriftsteller ein, auch Ernest Hemingway saß hier schon die Stühle warm. Daneben buhlen die **Cervecería Santa Ana** 2 und weitere Lokale am Platz um die Gunst des Publikums.

Bilderbuchtavernen

In der zur Fußgängerzone umgestalteten Calle Huertas liegt die **Casa Alberto** 3 von 1827, ein historisches Schmuckstück mit Holzverkleidung, Stuckdecken und einer Theke aus Marmor und Zink, ein Lokal wie aus Urgroßvaters Zeiten. Der Wein wird aus Fässern in Karaffen abgezapft, dazu gibt es typisch spanische Tapas in reichhaltiger Auswahl. In diesem Haus lebte übrigens Anfang des 17. Jh. der Dichter Cervantes.

Noch musealer mutet **La Venencia** 4 an: Vergilbte und verrauchte Stierkampfplakate bekleiden die Wände, der *vinito* (Weinchen), den man hier ordert, kommt aus Jerez und ist ein Sherry, den es wahlweise als trockenen *fino* oder *manzanilla* gibt; dazu Oliven, Käsestückchen oder getrockneter Thunfisch. Den Verzehr notiert der Wirt mit Kreide auf der Holztheke ...

Treffpunkte der Jung-Bohème

Zurück Richtung Plaza de Santa Ana. Ein Genuss für die Augen, von der alten *azulejos*-Fassade bis zum Interieur, ist das **Viva Madrid** 5, seit vielen Jahren ein stadtbekannter, junger Szenetreff.

Übrigens: In der **Casa Alberto** (Foto) gibt es noch den Typus des spanischen Kellners, der sich mit schwarzer Fliege und weißem Hemd oder weißem Kittel ganz dem Dienst am Kunden verschrieben hat, im Zweifelsfall aber auch unmissverständlich klarstellt, wer im Lokal das Sagen hat ...

Die Fassadendekoration des **Villa Rosa** 6 in einer Ecke der Plaza de Santa Ana, in dem Almodóvar Szenen seines Films »High Heels« drehte, schuf der Keramikkünstler Alfonso Romero 1928. In dem hundertjährigen Lokal mit andalusisch-orientalischem Ambiente werden Flamenco-Livekonzerte gegeben.

Infos

Cervecería Alemana: Plaza de Santa Ana 6, Mo, Mi, Do 10.30–0.30, Fr–So 10.30–2 Uhr.
Cervecería Santa Ana: Plaza de Santa Ana 10, tgl. 11–1.30/2.30 Uhr.
Casa Alberto: Huertas 18, Di–Sa 12.30–1/2 Uhr.
La Venencia: Echegaray 7, tgl. 13–15.30, 19.30–1.30 Uhr.
Viva Madrid: Manuel Fernández y González 7, tgl. 13–2.30/3 Uhr.

Villa Rosa: Plaza de Santa Ana 14, Flamenco tgl. 20.30 u. 22.45, Fr, Sa auch 0.15 Uhr, 17 €.

Weitere Tipps für den Abend

Das Hotel ME Madrid besitzt eine der schönsten Dachterrassen Madrids. Im **The Penthouse** 8 (separater Eingang mit Fahrstuhl, Di–Sa 21–1.30/2.30, So 15/17–1.30 Uhr) nippt man an Cocktails und hört dazu Musik. Für Jazz-Fans ist das alteingesessene **Café Central** 9 eine empfehlenswerte Adresse (s. S. 109).

Übrigens: Die mit Abstand schönste Taverne des Literatenviertels, **Los Gabrieles** 7, ist seit vielen Jahren geschlossen. Ihre Wiedereröffnung nach einer grundlegenden Renovierung wurde immer wieder verschoben. Los Gabrieles besitzt – teils mit folkloristischen, teils mit skurrilen Szenen – kunstvoll gekachelte Räumlichkeiten, die unter Denkmalschutz stehen. Sie waren einst das bevorzugte Ambiente von Stierkämpfern für Rendezvous mit feinen Damen sowie seit eh und je ein Treffpunkt der *cultura flamenca.*

Auf Dichter's Spuren

Beim Bummel durch die Hauptstraße des Viertels, die **Calle de las Huertas** 3, die zur Kunstmeile Paseo del Prado hinunterführt, sollte man den Blick zu Boden richten: Dichterzitate sind in das Straßenpflaster eingelassen und erinnern an die Zeiten, in denen hier Cervantes, Lope de Vega und andere Geistesgrößen lebten. Einen Besuch lohnt die **Casa-Museo de Lope de Vega** 4 (Cervantes 11, Di–So 10–15 Uhr, Gratis-Führungen alle 30 Min.): Hier wohnte der Vielschreiber Lope de Vega mit seinen sieben Kindern – eben ein in jeder Beziehung produktiver Mann! Zu sehen ist das typische Interieur einer Madrider Wohnung des 17. Jh.

Zu den stadtbekannten Kneipen an der Plaza de Santa Ana gehört die Cervecería Alemana

12| Eine Flamenco-Nacht in Madrid – Casa Patas

Karte: ▶ E 6/7 | **Metro:** L 1 Antón Martín, Tirso de Molina

Die Crème de la Crème der spanischen Flamenco-Künstler, Sänger, Gitarristen, Tänzer, lebt in Madrid. In einem der zahlreichen Tablaos verbindet man ein Abendessen in geselliger Runde mit diesem Kunsterlebnis – um danach vielleicht noch tiefer in die Madrider Flamenco-Szene einzutauchen.

Eigentlich ist der Flamenco die Musik der spanischen Zigeuner, der andalusischen *gitanos*, die in Madrid eine größere Gemeinde bilden. Er ist wild und traurig, schwermütig und zornig: Ausdruck von Gemütsverfassungen, die von unerwiderter Liebe, der Misere eines Außenseiterlebens oder alltäglichen Wehwehchen sprechen. Flamenco kann man nicht erlernen, so heißt es, man hat ihn im Blut, erbt diese künstlerische Ausdrucksform von den Vorfahren. Tatsächlich sind bis heute viele Sänger und Gitarristen Autodidakten. Wann und wo der Flamenco entstand, nicht einmal, woher der Name stammt, ist bisher eindeutig belegt. Auf jeden Fall haben die Gesangs- und choreografischen Traditionen ihre Ursprünge in Andalusien, einem Schmelztiegel der Kulturen.

Ursprünglich war der Flamenco eine reine Gesangskunst, die in intimen Zirkeln gepflegt wurde. Poetische Texte werden gesungen, wobei Rhythmuswechsel und Melismatik eine komplizierte musikalische Struktur bedingen. Im Prinzip haben sich zwei Grundtypen des *cante* herausgebildet: der inbrünstige, ernste, große Gesang *(cante jondo)* und die leichtere, unterhaltsamere Form (*cante chico*, kleiner Gesang).

Flamenco zum Nachtmahl

Seit der Eröffnung in den 1980er-Jahren gilt die **Casa Patas** 1 als Kultort des Flamenco in Madrid. Zum Haus gehört ein Konservatorium, in dem Gesangs-, Gitarren- und Tanzunterricht gegeben wird. Die besten Künstler des Genres traten in der Casa Patas auf, von Camarón de la Isla bis zu Pepe Habichuela, Rancapino, Remedios Amaya, Niña Pastori, José Mercé oder Paco de Lucía.

Wie die anderen Restaurant-Tablaos in Madrid bietet auch die Casa Patas, deren Wände Fotografien aus der Welt des Flamenco zieren, nächtliche Bühnenshows an, wobei meist eine Gruppe von Tänzern, Gitarristen und Sängern auftritt – das ist gute, seriöse Unterhaltung für Anfänger wie für Fortgeschrittene. Man zahlt einen Festpreis für den Eintritt inklusive Getränk oder Essen und kann in geselliger Runde am Tisch sitzend zu einem Abendmenü oder Tapas Flamenco hören und sehen.

Treffpunkte der Flamenco- Szene

Die junge Gitano-Szene Madrids gibt regelmäßig Live-Konzerte im **Cardamomo** 2 in Huertas – und trifft sich auch sonst gern in diesem langen Schlauch mit langer Theke und Live-Bühne im unteren hinteren Bereich.

In der **Bar El Candela** 3 in Lavapiés läuft die Szene spätnachts zum Absacker auf. Und dann kommt es häufiger zu spontanen Sessions von Interpreten, die eigentlich nur ein letztes Gläschen trinken wollten. Mit Glück bekommt man im El Candela die besten Flamencokünstler der Gegenwart zu Gesicht, manchmal allerdings erst dann, wenn die meisten Leute schon im Bett liegen. Beide Lokale wirken einen Hauch alternativ – einfach nett!

Infos

Infos rund um den Flamenco: www.deflamenco.com.

Casa Patas: Cañizares 10, www.conservatorioflamenco.org, Restaurant ab 19/19.30 Uhr; Flamenco live Mo–Do 22, Fr, Sa 21 und 24 Uhr, 34 € inkl. Getränk.

Cardamomo: Echegaray 15, tgl. 20–3/3.30, Live-Sessions meist Di–So ab 22 Uhr, inkl. Getränk 32 €.

El Candela: Olmo 2, tgl. 22–6 Uhr; ab 3 Uhr 8 € Eintritt inkl. Getränk.

Weitere gute Tablaos sind Las Tablas und Las Carboneras (s. S. 108).

Flamenco-Accessoires

Alles, was man als Outfit für den Flamenco braucht, gibt es neben der Casa Patas bei **Pasiones Flamencas** 1 (Cañizares 12, www.pasionesflamencas.com, Mo–Fr 10.30–14, 17.30–20.30, Sa 10–14 Uhr): Kleidung, Schuhe, Schmuck, Haarkämme, Musik ...

Wo man die Nacht auch ausklingen lassen kann ...

Bei gutem Wetter sitzt man schön in einer der Terrassenbars der **Plaza de Santa Ana** 4 (s. S. 58) oder der **Calle de Argumosa** 5 (s. S. 64).

13 | Multikulti-Viertel mit Tradition – rund um die Plaza de Lavapiés

Karte: ▶ D/E 7/8 | **Metro:** L3 Lavapiés

Lavapiés ist wie ein Dorf in der Stadt. Das Viertel galt immer als Madrid pur, als urtypisch, authentisch. Das Verwunderliche: Obwohl Lavapiés heute Madrids Einwanderungsviertel schlechthin ist, kommt nicht das Gefühl auf, sich von den Attributen ›urtypisch‹ und ›authentisch‹ verabschieden zu müssen.

›Lavapiés‹, Fußwäscher: Dieser Name erinnert an die Juden, die hier im Mittelalter siedelten, bis sie des Landes verwiesen oder Opfer der spanischen Inquisition wurden. Lavapiés war immer ein Viertel der kleinen Leute und gutnachbarschaftlicher Beziehungen, ein Stück gemütliches Madrid, in dem sich das Leben auf Straßen und Plätzen, in Tante-Emma-Läden und Eck-Bars entfaltete. In die Läden sind inzwischen Chinesen und Bangladeshi, Marokkaner, Senegalesen oder Ecuadorianer eingezogen. Sie handeln mit Fisch und Fleisch, Obst, Gemüse oder Kunsthandwerk, die Chinesen wickeln über ihre Adressen in der Calle del Amparo oder um die Plaza Tirso de Molina Im- und Exportgeschäfte im großen Stil ab, vornehmlich mit Kleidung. Für viele junge Madrilenen ist Lavapiés ihr Lieblingsviertel – es ist bodenständig, alternativ, bunt und global.

Der Fußwäscherplatz

Auf der dreiecksförmigen **Plaza de Lavapiés** herrscht ein ständiges Kommen und Gehen, zeigt sich die ganze Völkervielfalt des *barrio.* Zur typischen Architektur vom Ende des 19. Jh. passt das blockhafte moderne Betongebäude des **Teatro Valle-Inclán** 1 nicht so recht. Doch hinter seiner Fassade arbeitet eines der besten Theater Madrids, es gehört zum Centro Dramático Nacional.

In einer Platzecke liegt eines der ältesten Cafés der Stadt, das **Nuevo Café Barbieri** 1, das noch ganz im altertümlichen Stil des 19. Jh. daherkommt – und dadurch leicht dekadent und ein bisschen alternativ wirkt.

Die untere **Calle de Lavapiés** und ihre Bürgersteige gehören indischen Restaurants. Diese und die anderen hügelauf zum Zentrum führenden Gassen säumen teils pittoreske Hausfassaden, hinter denen sich noch viel Bausubstanz des 17.–19. Jh. verbirgt.

Corralas und Bürgerkriegsruinen

Fast verschwunden sind jedoch die einst für Lavapiés typischen **Corralas** 2, rund um einen Hof angelegte Mietwohnungen, die über die umlaufenden Balkone zugänglich waren. An der Ecke Sombrerete/Mesón de Paredes steht ein Relikt dieses Haustyps, weiter hügelab findet sich an der Calle de Miguel Servet eine zweite Corrala aus dem 18. Jh.

Als Mahnmal blieb übrigens die 1936 in den ersten Tagen des Bürgerkriegs in Brand gesteckte Klosterkirche der **Escuelas Pías de San Fernando** 3 aus dem 17. Jh. stehen – und verfiel. Bis 2006 die Bibliothek der Fernuniversität UNED in die altehrwürdigen Gemäuer einzog. In der UNED selbst (Eingang in der Calle de Tribulete) befindet sich ganz oben das **Gaudeamus Café** 2 mit einer schönen Dachterrasse.

Eine Straße als Wohnzimmer

Die **Calle de Argumosa** 4 ist Treffpunkt eines vorwiegend jungen Publikums – aus dem Viertel selbst und aus ganz Madrid. Kleine Musik-Bars, Tavernen, Restaurants reihen sich aneinander, der breite Bürgersteig ist eine einzige Flucht von Stühlen und Tischen, und in lauen Nächten findet sich kaum noch ein Platz. Man sitzt hier wirklich schön!

Die Corralas in Lavapiés sind die letzten Überbleibsel der alten Hofhäuser

Essen und Trinken

Ein Tipp für jede Tageszeit ist das **Portomarín** 1 (Valencia 4, Tel. 915 28 56 86, tgl. 8–24 Uhr, im Aug. zwei Wochen geschl.), ein Galicier, den es im Viertel schon seit einer halben Ewigkeit gibt. Frühstück mit *churros*, *porras* oder Toast mit Olivenöl und Tomate *(pan con aceite y tomate)*, Tapas und galicische Klassiker wie *pulpo a la gallega* (Krake auf Kartoffeln), scharfe Paprika *(pimientos)* aus Padrón oder Lamm aus dem Ofen. *Raciones* kosten ab 8 €.

Auch das kleine, hübsch gekachelte Stehlokal **El Boquerón** 2 (Valencia 14, Mo, Di, Do–Sa 12–16, 19–23, So 12–16 Uhr) ist ein Urgestein des *barrio.* Die Gambas und Meeresfrüchte, wie Austern, Entenmuscheln oder Seespinnen, sind frisch und günstig.

Im **Melo's** 3 (Ave María 44, Di–Sa 14–1 Uhr, im Aug. geschl.) bestellt man *zapatillas* (wörtl. Hausschuhe), das sind schuhsohlengroße geröstete Brote, die reich mit Leckereien belegt sind (11 €, reicht für zwei), oder *croquetas* (Kroketten).

Gut und günstig isst man in den **indischen Lokalen** 4 der Calle de Lavapiés, und in **Sani Sapori** 5 (Lavapiés 31, tgl. mindestens bis 22 Uhr) kann man zum Nachtisch ein Bio-Eis oder Bio-Kuchen verzehren. Ein Klassiker der Calle de Argumosa ist **El Económico** 6 (s. S. 93).

Schön am Nachmittag und Abend

Im **Nuevo Café Barbieri** 1 (Ave María 45, Mo–Do 15–2, Fr, Sa 15–2.30, So 13–3 Uhr) trifft man sich zum Café oder zum Cocktail – zu dezenter Jazzmusik. Ein besonderer Ort ist das **Gaudeamus Café** 2 in der Kirchenruine der Escuelas Pías (Eingang: Tribulete 14, www.gaucafe.com, Mo–Fr 11.30–24, Sa 13.30–24 Uhr), mit schöner Dachterrasse. Es gibt Kuchen und kleine Gerichte.

Schön ist das Café im Jugendstilkino **Cine Doré** 3 (Santa Isabel 3, Metro: L1 Antón Martín, Di–So 16–0.45 Uhr).

Übrigens: Unten in der Calle de Embajadores nimmt die **Tabacalera** 5 aus dem 17. Jh. einen beeindruckenden ganzen Häuserblock ein. Als Tabakfabrik hat der riesige Komplex mit Höfen ausgedient, er soll im Prinzip zum Museum umgebaut werden. Vorübergehend hat sich hier eine junge alternative Szene eingerichtet, sie nutzt den Platz für Musik, Theater, Wohnen. An Wochenenden ist oft Fiesta angesagt. Der Eintritt ist natürlich frei!

Viertel-Shopping

Als orientalische Fundgrube entpuppt sich **Horus** 1 (Miguel Servet 6, www.horusegipto.com, Mo–Do 10–14, 17–20.30, Fr 10–13.30, 17–20.30, Sa 10.30–14.30 Uhr) – ein buntes Sammelsurium an Kunsthandwerk und Geschenkartikeln aus Ägypten. Aus Lateinamerika kommen die Hängematten der **Casa de las Hamacas** 2 (Miguel Servet 6, www.hamacas.org, Mai–Sept. und rund um Weihnachten Mo–Fr 18–21, Sa 12–15 Uhr) aus Baumwolle oder Nylon, handgearbeitet, in verschiedenen Größen, sogar als Familienausführung oder als *gigante.* Jedes Stück ist ein Unikat, 50–120 €.

Wer ein Faible für Märkte und spanische Delikatessen hat, besuche die Markthallen **Mercado de San Fernando** 3 an der Ecke Tribulete/Embajadores und **Mercado de Antón Martín** 4 an der Calle de Santa Isabel, beide Mo–Fr 10–14, 17–20, Sa 10–14 Uhr geöffnet.

14 | Sonntagsritual – El Rastro, Madrids berühmter Flohmarkt

Karte: ▶ D 7 | **Metro:** L1 Tirso de Molina, L5 La Latina, Puerta de Toledo, L3 Lavapiés, Embajadores

Die Basaratmosphäre, das Stöbern an den Ständen mit Nippes und Tand, Klamotten und Haushaltswaren, echten Antiquitäten und billiger Kunst lockt jeden Sonntag Hunderttausende Madrilenen und Besucher an. Hans Magnus Enzensberger bezeichnete den riesigen Madrider Flohmarkt einmal als letzte Grenze zwischen Europa und Afrika.

Tausende Stände werden hier jeden Sonntag frühmorgens aufgebaut und wetteifern um die Gunst der Besucher, die gekommen sind, um zu schauen, neugierig zu stöbern, Freunde zu treffen oder schlicht das bunte Treiben zu beobachten. In der Gegend um die Plaza de Cascorro befanden sich im 15. Jh. die Madrider Schlachthöfe, die damals außerhalb der Stadtmauern angesiedelt waren. Spätestens seit dem 18. Jh. traf man sich hier regelmäßig, um Handel mit allem Möglichen, mit Altem und Neuem, zu treiben.

Heute ist der Rastro eine der Touristenattraktionen der spanischen Hauptstadt. Und übrigens lohnt es sich auch unter der Woche, durch die hiesigen Altstadtgassen am Rande des Multikulti-Viertels Lavapiés zu schlendern, um ein Stück authentisches Madrid mit urtümlichen Antiquitäten-, Möbel- und Second-Hand-Läden zu entdecken.

Tatsächlich herrscht eine gewisse Ordnung im großen Durcheinander der Flohmarktstände. Ob Kleidung oder Vogelfutter, Antiquitäten oder Haushaltswaren, Schnickschnack made in China oder nützliche Gebrauchtwaren – alles hat irgendwie seinen angestammten Platz auf dem Rastro.

Im Zentrum des Geschehens

Zentrum des Treibens sind die Ribera de Curtidores und die Plaza de Cascorro, doch dehnt sich der Trödelmarkt über ein beachtliches Areal in die umliegenden Gassen und Plätze aus.

Auf der **Plaza de Cascorro** 1 werden Kleidung, Accessoires und Schmuck angeboten. Eine feste Bleibe in Nr. 6 hat das **Marihuana,** das bis zur Decke mit schwarzen Lederklamotten vollgestopft ist. Ähnlich ist das Angebot auf der **Ribera de Curtidores** 2, wo sich auch Klamotten im Ethnolook, Sportbekleidung und Tischwäsche finden. Zu Madrids besten Antiquitätengeschäften zählen die **Galerías Piquer** 3 (Nr. 29), **Nuevas Galerías** 4 (Nr. 12) und die **Galerías Ribera** 5 (Nr. 15). Man sollte diese Läden nicht versäumen (s. S. 99)!

Authentische Atmosphäre

Die **Plaza de Vara del Rey** 6 wird im Volksmund auch ›Zigeunerplatz‹ genannt, da die hiesigen Stände meist von *gitanos* betrieben werden. Lauthals rufen die Händler ihre Schleuderpreise über den Platz, ob Jeans oder Schuhe, Socken oder Unterwäsche – Schnäppchen! Rund um den Platz residieren Antiquariate, die am Sonntag zu einem Bestandteil des Rastro werden.

Übrigens: Auf dem Rastro geht es sonntags zu wie in einem Ameisenhaufen, da haben Taschendiebe einfaches Spiel – trotz viel Polizeipräsenz. Achten Sie also auf Ihre Sachen!

Wie in alten Zeiten geht es auch in der **Calle de Carlos Arniches** 7 zu. Gebrauchtes und Antiquitäten wechseln vor dem **Museo de Artes y Tradiciones Populares** (Museum der Volkskunst und des Volksbrauchtums in einem historischen Gebäude, Eröffnung für Anfang 2013 geplant) den Besitzer. An einem der Stände gibt es eine schier unglaubliche Vielfalt an Schlüsseln, die teils recht mittelalterlich aussehen!

Und dann noch die Straßen **Carnero, Mira el Río Alta, Mira el Río Ba-**

El Rastro – Hunderttausende Madrilenen und Besucher zieht es sonntags zum Flohmarkt

ja und **Arganzuela** 8: Läden und Stände mit Antiquitäten und echtem Trödel, ein bunter Mix aus unglaublichen Utensilien und Kuriositäten.

Kunst oder Vogelfutter?

Typische Sammlerobjekte, Bilder, Bücher und CDs gibt es auf der **Plaza del Campillo del Mundo Nuevo** 9 – dazu Eisen- und Haushaltswaren an der Ecke zur Calle Mira el Sol. Bilder und Rahmen machen die **Calle de San Cayetano** 10 zur Straße der ›Kunst‹. Kanarienvögel und anderes Federvieh gibt es in der **Fray Ceferino González** 11 zwar nicht mehr, aber Vogelkäfige und alles, was Haustierbesitzer für ihre Lieben daheim so brauchen.

Infos zum Rastro

So, Fei 8.30–15 Uhr. Die Preise sind meist fest, aber dennoch kann man zu handeln versuchen.

Rastro-Gastronomie

In den kleinen Kneipen und Tavernen rund um den Rastro herrscht ab Sonntagmittag großes Gedränge. Urtümlich-urig ist **Los Caracoles–Casa Amadeo** 1 (Plaza de Cascorro 18, Tel. 913 65 94 39, Di–Fr 11–16, Sa 11–16, 19–22, So 10.30–16 Uhr), eine Bar mit typisch madrilenischen Tapas wie Tortilla, Kutteln, Blutwurst und natürlich den namengebenden Schnecken *(caracoles)* in Sauce, die *ración* zu 12 €.

Bei **Aceitunas Jiménez** 2 (Plaza del General Vara del Rey 14, Tel. 913 65 46 23, Mo–Fr 10–14, 17–20, Sa 10–14, So 8.30–14 Uhr) bekommt man Oliven in bestimmt 20 Varianten sowie Essiggürkchen, eingelegte Gemüse und Sardellen in Essigmarinade – zum sofortigen Verzehr oder zur Mitnahme.

Reich belegte Toasts und Sandwiches für 2,50/3,50 € auf die Hand sind die Spezialität von **El Capricho Extremeño** 3 (Carlos Arniches 30, nur Sa 10.30–17, So 8.30–17 Uhr). Die Beläge wie Schinken, Wurst oder Käse kommen aus der Region Extremadura. Auch Bier oder Sangría gibt es im Straßenverkauf.

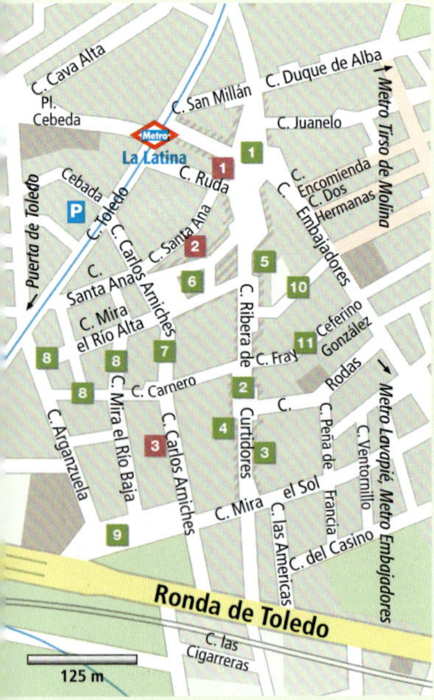

Einkaufen

Der Rastro ist die Gegend mit den meisten Antiquitätenläden Madrids (s. auch S. 99). Neben den Galerías in der Ribera de Curtidores lohnt unter der Woche auch ein Bummel durch die Straßen Carnero, Bastero, Carlos Arniches oder Mellizo, wo es von kleinen Antiquitätenhändlern und Kramläden wimmelt; auf den Bürgersteigen kann man zuschauen, wie alte Möbel restauriert werden. Nur montags bleiben einige der Läden geschlossen.

15 | Mit dem Rad ins Grüne – Madrid Río und Casa de Campo

Karte: ▶ A/B 4–8 und südl. davon | **Tourenlänge:** ca. 10 km

Eine Stadt entdeckt ihren Fluss. Im Zuge des Stadtentwicklungsprojekts ›Madrid Río‹ wurden die Schnellstraßen, die den Río Manzanares beidseitig in ein Korsett aus Beton und Asphalt zwängten, unter die Erde verbannt. Neue Grünareale und Radwege säumen jetzt die Flussufer. Und auch das einstige Jagdrevier der spanischen Könige ist näher an die Metropole gerückt.

Madrid besitze nicht einmal einen Fluss, in dem man sich ertränken könne, spotteten einst die Dichter. Vielleicht wurde der Manzanares auch deswegen nicht als Teil der Stadtlandschaft wahrgenommen? Dicht an seinen Ufern brausten die Autos entlang, doch wurde die M-30 inzwischen großteils in unterirdische Tunnel verlegt. Die begrünte Uferzone ist jetzt ein Freizeitareal für Spaziergänger und Radfahrer.

Los geht's beim Schloss

An den Einfassungen der Gartenanlagen von **Jardines de Sabatini** 1 und des Schlossgartens **Campo del Moro** 2 entlang geht es auf ausladenden Bürgersteigen die abschüssige Cuesta de San Vicente bergab, bis der 1775 von Sabatini errichtete Triumphbogen **Puerta de San Vicente** 3 erreicht ist. Über die **Puente del Rey** 4 komt man auf die andere Uferseite. Die 1816 auf Geheiß von Fernando VII errichtete ›Königsbrücke‹ schuf eine schnelle Verbindung zwischen Schloss und Casa de Campo, wo die Könige jagen gingen.

Ins Jagdrevier der Könige

Jenseits der Brücke markiert der als Halbrund gestaltete Säulenkreis **Puerta del Rey** 5 den Eingang in die Casa de Campo. Man radelt auf dem Paseo del Embarcadero geradeaus, folgt dann an einer kleinen Wegkreuzung dem Paseo Azul kurz nach rechts und biegt gleich wieder links ab zum **See** 6. Bei seiner Umrundung, vorbei an all den Restaurants, bieten sich wunderbare Stadtpanoramen: Man sieht die Hochhäuser der Plaza de España, das Schloss, die Kathedrale und die Kuppel von San Francisco El Grande.

Alte und neue Brücken

Zurück am Fluss ist bald die älteste Brücke Madrids erreicht: Den **Puente de Segovia** 7 schuf der Renaissancearchitekt Juan de Herrera. Etwa 2 km südwärts zieht der Manzanares ungefähr auf der Höhe des Fußballstadions von Atlético Madrid, des **Estadio Vicente Calderón** 8 auf der anderen Flussseite, eine kleine Schleife. Kurz dahinter stoßen wir auf die zweite historische Steinbrücke, den **Puente de Toledo** 9. Madrids Barockarchitekt Pedro de Ribera gab ihr 1715 ihr heutiges Gesicht, und seit 1735 bergen zwei bogenförmige Nischen in der Mitte die Steinskulpturen der Stadtpatrone San Isidro Labrador und seiner Frau Santa María de la Cabeza. Einen hypermodernen Kontrast dazu bietet die nächste Brücke, der 274 m lange, korkenzieherförmige **Puente de Arganzuela** 10. Man folge dem Radweg weiter bis zu den Zwillingsbrücken **Puente del Invernadero** 11 und **Puente del Matadero** 12. Diese neuen Flussquerungen für Fußgänger und Radler, mit einer Bedachung, die an ein umgestülptes Boot erinnert, wurden vom Madrider Künstler Daniel Canogar innen mit Keramikmosaiken geschmückt.

Übrigens: Kunstliebhaber sollten einen Abstecher zu den Zwillingskapellen **Panteón de Goya** 17 und **Ermita de San Antonio de la Florida** 18 unternehmen. Es sind nur einige Hundert Meter den Paseo de la Florida hinauf, vorbei an der **Estación del Príncipe Pío** 19, die noch als Bahnhof für Nahverkehrszüge und als Metro-Station dient und im Übrigen ein Einkaufs- und Freizeitzentrum ist. Der große Hofmaler Goya hatte die Kapelle, die heute sein Grab birgt, mitsamt ihrer Kuppel 1798 wundervoll ausgemalt, die Szenen erzählen die Geschichte des Antonius-Wunders (s. S. 75). Zu den Urgewächsen der Madrider Gastronomie gehört gleich nebenan die **Casa Mingo** 2.

Matadero Madrid - ein ambitioniertes Kulturzentrum

Der Puente del Matadero führt unmittelbar zum alten Madrider Schlachthof *(matadero)* auf der anderen Flussseite. Ende der 1980er-Jahre wurde der Schlachtbetrieb in den Hallen des weiträumigen, im neomaurischen Stil errichteten Ziegelsteinkomplexes vom Anfang des 19. Jh. aufgegeben. Jetzt bieten sie als **Centro Cultural Matadero Madrid** 13 Raum für Theater, Kino und Konzerte, für Proben und Künstlerwerkstätten, für Lesungen und Ausstellungen – und natürlich für ein Café. Auch der benachbarte Botanische Garten **Invernadero del Palacio de Cristal** 14, ein Wintergarten mit tropischen Pflanzen und Kakteen, lohnt einen Blick.

Zurück zur Puente del Rey

Auf der Zentrumsseite gibt es rund um das Fußballstadion noch keinen durchgehenden Radweg. Also quere man den Manzanares auf einer der Brücken vor dem Stadion, um über die **Y-Brücke** 15 (Puente verde en Y) wieder zu den zentrumsseitigen Grünanlagen und Radwegen zu gelangen. Fast auf der Höhe der Schlossgärten beachte man die kleine **Ermita Virgen del Puerto** 16, die Barockarchitekt Pedro de Ribera 1718 errichtete und die bis heute bei den Madrilenen als Traukapelle beliebt ist.

Infos

Radverleih: s. S. 24.
Centro Cultural Matadero Madrid: www.mataderomadrid.com, Mo–Fr 9–22, Sa, So 11–22, Ausstellungen ab 16 Uhr.
Palacio de Cristal: Di–So 10–19/Sommer 10–14, 17–20 Uhr.
Panteón de Goya: Di–Fr 9.30–20, Sa, So, Fei 10–14 Uhr, Eintritt frei.

Essen und Trinken

Ausflugslokale gibt es hier reichlich. Schön sitzt man im **La Cabaña del Narcea** 1 (Paseo Torrecilla 2, tgl. 9–23/24 Uhr) mit Blick auf den See. In ehemaligen Werkshallen der Bahngesellschaft tischt die pittoreske **Casa Mingo** 2 (Paseo de la Florida 34, www.casamingo.es, tgl. 11–24 Uhr, ca. 15–20 €) seit Generationen zu asturischem Apfelwein *(sidra)* Brathähnchen, Cabrales-Käse oder in *sidra* gegarte Paprikawurst auf; auch Außentische.

Über den See rudern

Bootsvermietung 1 tgl. 11 Uhr bis Sonnenuntergang; 1 Std. kostet ca. 5 €.

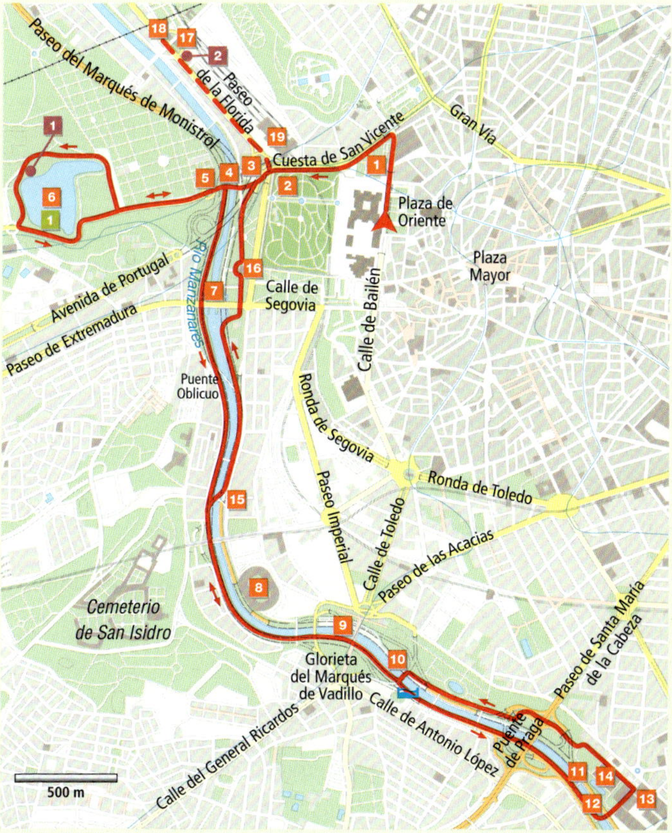

Noch mehr Madrid

Gebäude, Ensembles

Basílica de San Francisco el Grande ► B/C 7

Plaza San Francisco, Metro: L 5 La Latina, Puerta de Toledo, Di–Fr 11–12.30, 16–18.30, Sa 11–13.30, Aug. Di–So 11–12.30, 17–19.30 Uhr, 3 €

Der hl. Franz von Assisi soll in der Klause gewohnt haben, deren Stelle seit 1774 die von mehreren Kuppeln bekrönte Franziskuskirche einnimmt. Sie gehört zu den bedeutenden klassizistischen Bauwerken, die Carlos III an den Ringstraßen rund um die Altstadt anlegen ließ. Einer der Lieblingsarchitekten des Königs, der Neapolitaner Sabatini, errichtete die Kirche ganz nach italienischen Vorbildern: Hinter der gewölbten Granitfassade öffnet sich ein Raum, der von einer Riesenkuppel mit 33 m Durchmesser bekrönt wird und den sechs ebenfalls überkuppelte Seitenkapellen rahmen. Das Kirchenmuseum hütet einen Gemäldeschatz; Bilder von Zurbarán, Sánchez Coello, Giordano und Carducho, und in der ersten Kapelle links findet sich ein Werk von Goya, »Die Predigt des hl. Bernhardin«.

Biblioteca Nacional ► G 4

Paseo de Recoletos 20, www.bne.es, Metro: L 2 Banco de España, L 4 Colón, Di–Sa 10–21, So 10–14 Uhr, Eintritt frei

Die Nationalbibliothek wurde Ende des 19. Jh. errichtet, ihren Eingang schmücken die Skulpturen weiser Männer, wie Alfons des Weisen, Lope de Vega und Miguel de Cervantes. Den Grundstock der Sammlung an Schriftgut und Büchern bildete die 1712 von Felipe V gegründete Königliche Bibliothek. Die wertvollsten Stücke sind im **Museum** zu sehen: Inkunabeln, Originalmanuskripte und Bücher aus allen Zeiten.

Calle de Alcalá ► E 5–M 2

Metro: L 1, 2, 3 Sol

Der ›Bankenboulevard‹, der vom Zentrum stadtauswärts Richtung Alcalá de Henares führt, besticht am Abschnitt zwischen Puerta del Sol und Plaza de la Cibeles mit Prunkbauten der Belle Époque: eine beeindruckende Fassadenphalanx mit Erkern, Türmchen und aufwendigen Figurenkompositionen auf den Dächern. Die 1769 errichtete **Casa de la Aduana** (Nr. 5–11), das frühere Zollhaus, besitzt ein wunderbares Barockportal. Gleich nebenan liegt die **Real Academia de Bellas Artes de San Fernando** mit einer großartigen Kunstsammlung (s. S. 80). Ein Wahrzeichen der Straße ist das **Metrópolis**-Gebäude am Eingang zur Gran Vía.

Centro Cultural Conde Duque ► C 3

Calle Conde Duque 9, www.madrid.es/condeduque, Metro: L 3 Ventura Rodríguez

Schon das historische Gebäude, in dem ein **Kulturzentrum** untergebracht ist, lohnt den Besuch. Der um drei Innenhöfe angelegte Cuartel del Conde Duque mit opulentem Barockportal von Pedro de Ribera aus den Jahren 1717–54 war unter Felipe V das Quartier der königlichen Leibwache. Jetzt beherbergt der Komplex das Stadtarchiv, es gibt Ausstellungen, großartige Retrospektiven, Theateraufführungen und Konzerte.

Congreso de los Diputados

► E/F 5/6

Carrera de San Jerónimo, Metro: L 2 Banco de España, Sevilla, Führungen Sa außer Fei 10.30–12.30, im Juli/Aug. geschl., Personalausweis mitbringen

Das neoklassizistische Parlamentsgebäude, mittlerweile um einen modernen Anbau erweitert, wurde Mitte des 19. Jh. errichtet. Zwei Löwen, die aus eingeschmolzenen Kanonen gegossen wurden, flankieren den Eingang, dessen reliefgeschmücktes Frontispiz an die Bauweise römischer Tempel erinnert. In diesem Haus tagen die spanischen Abgeordneten und entscheiden über die Politik der Regierung.

Iglesia de las Salesas Reales

► F 4

Calle Bárbara de Braganza, Metro: L 5 Chueca, L 4 Colón, Mo–Sa 11–13, 18–20.30, So, Fei 10–14, 16–21 Uhr

Bárbara de Bragança, die aus Portugal stammende Gattin von Fernando VI, ließ die Kirche 1749–58 errichten. Der spätbarocke, palastartige Bau am Rande des Viertels Chueca ist innen verschwenderisch dekoriert, u. a. mit Fresken der Brüder González Velázquez. Aufwendig sind auch die Grabmale des Königspaars in der Kirche ausgefallen: Fernando VI ruht in einem Porphyr-Marmor-Sarg von Architekt Sabatini und Bildhauer Francisco Gutiérrez, seine Gemahlin erhielt ein Rokokograb. Als einzige Bourbonenherrscher sind sie nicht im Escorial außerhalb von Madrid begraben (s. S. 83).

Monasterio de las Descalzas Reales ► D 5

Plaza de las Descalzas 3, www.patrimo

Die Banken der Calle de Alcalá schmücken sich mit der Protzarchitektur der Belle Époque

Neue Architektur im Norden der Stadt – das CTBA, Cuatro Torres Business Area

nionacional.es, Metro: L 1, 2, 3 Sol, L 5 Ópera und L 3, 5 Callao, Führungen des Denkmalschutzamtes Di–Sa 10–14, 16–18.30, So, Fei 10–15 Uhr, 7/4 €, Kombiticket mit dem Encarnación-Kloster 10/5 €, Mi u. Do nachmittags für EU-Bürger Eintritt frei
Doña Juana, Tochter Karls V., gründete 1554 das Habsburgerkloster in dem Renaissancepalast, in dem sie selbst geboren wurde und in dem sie auch ihre letzte Ruhestätte fand. Der nun von Klarissinnen bewohnte Konvent ist prunkvoll mit Fresken und Gobelins ausgestattet, besitzt rund 400 Gemälde, darunter zahlreiche Porträts der Habsburger Herrscherfamilie, und steht unter Denkmalschutz. Allein das Ende 2010 restaurierte **Treppenhaus** mit seinen Fresken und Trompe-l'œil-Gemälden aus dem 17. Jh. ist eine Wucht. Die Kapellen der Nonnen voller religiöser Kunst an der oberen Galerie, der **Salón de Tapices** mit Wandteppichen aus dem 17. Jh. nach Vorlagen von Rubens, die **Gemälde** von Pieter Brueghel d. Ä., Caravaggio, Rubens und Tizian, von Zurbarán und Sánchez Coello und die Grabmale von Doña Juana sowie der Kaiserin Maria von Österreich machen aus dem Descalzas-Kloster ein beeindruckendes Museum.

Monasterio de la Encarnación

► C 5

Plaza de la Encarnación 1, www.patrimonionacional.es, Metro: L 5 Ópera, 3,60 €, Führungen des Denkmalschutzamtes Di–Sa 10–14, 16–18.30, So, Fei 10–15 Uhr, Kombiticket (s. o.) 7/4 €, Mi u. Do nachmittags für EU-Bürger Eintritt frei
Margarete von Österreich, Gattin von Felipe III, gründete das Kloster in der Nähe des Königspalastes. Architekt Juan Gómez de Mora schuf einen typischen Bau im relativ streng anmutenden Habsburger Stil. 1616 wurde der von Augustinerinnen bewirtschaftete Konvent eingeweiht. Es waren v. a. Frauen von adeliger Herkunft oder Verwandte des Königshauses, die hier ›un-

terkamen‹. Entsprechend großzügig fielen die Zuwendungen aus, wie die Fülle an religiösen Kunstwerken zeigt.

Die **Sala de Pinturas** und die **Sala de las Esculturas** beherbergen die umfangreiche Gemälde- und Skulpturensammlung des Klosters, in der **Sala de los Reyes** sind Porträts der Habsburger ausgestellt. Regelrecht kurios ist der **Reliquiensaal,** in dem Tausende Reliquien verwahrt werden: Knöchelchen und Stofffetzen, Holzstückchen und eine Ampulle mit einem Blutstropfen von San Pantaleón.

Panteón de Goya ►A 4

Glorieta de San Antonio de la Florida 5, Metro: L 6, 10, R Príncipe Pío, Di–Fr 9.30–20, Sa, So, Fei 10–14 Uhr, Eintritt frei

Francisco de Goya y Lucientes, Hofmaler unter Carlos IV, ein Künstlergenie und Wegweiser für die Moderne, malte die Ermita de San Antonio de la Florida 1798 mit Fresken aus. Volkstümliche Figuren, Madrider Volk in den Trachten der Zeit, wie sie auch in Goyas Vorlagen für Wandteppiche im Prado zu sehen sind, schauen von der Decke herab. 1919 wurde die Kapelle in ein Pantheon für Goya umgewidmet; die Verehrung des hl. Antonius, dem die Einsiedelei geweiht war, findet seitdem nebenan im eigens errichteten Zwillingsbau statt. Der große Maler starb 1828 im Exil in Bordeaux, 1919 überführte man den Leichnam nach Madrid, allerdings ohne Kopf: Ein französischer Forscher soll ihn zu Studienzwecken entwendet haben.

Paseo del Prado ►F 5–7

Metro: L 1 Atocha, L 2 Banco de España

Vom Jugendstilbahnhof Estación de Atocha bis zur schönen Plaza de Cibeles

Moderne Architektur an der oberen Castellana

Der Paseo de la Castellana führt als zwölfspuriger Boulevard kilometerweit nach Norden und zu Madrids jüngsten Beispielen neuen Bauens. Eine gute Möglichkeit, sich einen ersten Eindruck zu verschaffen, bietet die Fahrt mit dem Bus Nr. 27, der die Stadtachse bis zur Plaza de Castilla befährt. Eine preiswerte Stadtrundfahrt, sogar dann, wenn man zwischendrin aussteigt und beim Wiederzustieg neu zahlt! Hinter den blockhaften, an ihrem langen Arkadengang erkennbaren **Nuevos Ministerios** (Neue Ministerien, in der Franco-Zeit beendet) liegt ein Areal moderner Bürobauten, unter denen die **Torre Picasso** hervorsticht: Ein 157 m hoher, vertikal gegliederter Turm für 4500 Angestellte, den der Architekt des 2001 zerstörten New Yorker World Trade Center errichtet hat.

Am Fußballstadion des Clubs Real Madrid, dem **Estadio de Santiago Bernabéu,** vorbei erreicht der Bus die futuristisch-schiefen Türme, die sich über der Plaza de Castilla am Ende des Paseo de la Castellana einander zuneigen. In einem der Zwillingsbauten residiert die Bankia, die 2012 wegen ihrer finanziellen Schieflage Schlagzeilen machte. **Puerta de Europa** heißen sie, das ›Europator‹.

Doch es geht noch besser. Dazu muss man ein Stück zu Fuß weiter nach Norden gehen, bis zum CTBC, der **Cuatro Torres Business Area.** Was die vier Hochhäuser verbindet, ist ihr In-die-Höhe-Streben. Die fantasievolle Gestaltung der Türme – einer erinnert an die Sputnik – schafft ein spannungsvolles Architekturareal. Noch ein paar Schritte weiter nach Norden – und die Metrostation Begoña ist erreicht.

(s. u.) reicht dieser elegante Stadtboulevard mit seinen wunderschönen Brunnenanlagen. Der mittlere Grünstreifen lädt zum Flanieren im Schatten hochgewachsener Bäume ein. Als *Meile der Kunst,* Paseo del Arte, genießt der Straßenzug weltweiten Ruhm: Die Museen Centro de Arte Reina Sofía, Prado sowie Thyssen-Bornemisza haben hier ihren Sitz (s. S. 42–52). Gegenüber vom Botanischen Garten zieht das von Herzog & de Meuron neu gestaltete Kulturzentrum **CaixaForum** die Blicke auf sich (s. S. 46). An der zentralen **Plaza de Cánovas del Castillo** mit dem Neptunbrunnen liegen die beiden exklusivsten Hotels der Stadt: an der Ostseite das legendäre Ritz, 1910 von König Alfonso XIII eingeweiht, und gegenüber das Palace, sozusagen das bürgerliche Pendant zum königlichen Ritz. Fassaden im Stil der Belle Epoque zieren beide Häuser.

Plaza de la Cibeles ► F 5

Metro: L 2 Banco de España

Der Platz bildet die Nahtstelle von Paseo del Prado und Paseo de Recoletos und die Kreuzung mit der Ost-West-Achse Calle de Alcalá. Entsprechend hoch ist das Verkehrsaufkommen. Als Insel in den anrollenden Wellen der Pkws, die durch den Rhythmus der Ampeln dirigiert werden, behauptet sich ein Wahrzeichen Madrids: der aufwendig gestaltete Kybele-Brunnen, die **Fuente de la Cibeles** aus dem 18. Jh. Dies ist der schönste aller Brunnen und Wasserspiele, die ein Merkmal der Madrider Stadtarchitektur sind.

Prunkbauten rahmen den Platz: Das Gebäude der **Bank von Spanien** wurde Ende des 19. Jh. errichtet; der **Palacio de Buenavista,** ein Adelspalast von 1777, der fast versteckt in einem großen Garten liegt, ist Sitz des Heereshauptquartiers; das Madrider (Latein-)Amerikahaus **Casa de América** nimmt einen Palast aus der zweiten Häfte des 18. Jh. ein, und das 1917 eröffnete Post- und Telegrafenamt imponiert durch Größe und seinen Zuckerbäckerstil. Mit ironischem Unterton nannten es die Madrilenen früher Nuestra Señora de las Comunicaciones (Unsere Liebe Frau der Kommunikation), denn das Gebäude ähnelt mit seinen Dimensionen, den Türmchen und der Protzarchitektur tatsächlich einer ›Kathedrale‹. Nach aufwendiger Renovierung zog hier jüngst Madrids Bürgermeister mit seinem **Rathaus** ein, und auch das neue Kulturzentrum **CentroCentro** erhielt hier Platz: Auf mehreren Stockwerken rund um die beeindruckende Empfangshalle hinter dem Haupteingang werden Ausstellungen präsentiert, es gibt einen Lesebereich mit internationaler Presse, Restaurants und eine Cafetería. Im 6. Stock befindet sich der Aufstieg zum Aussichtsturm (www.centrocentro.org, Di–So 10–20, Aussichtsturm 10.30–13, 16.30–19.30 Uhr, 2 €).

Plaza del Dos de Mayo ► D 3

Metro: L 4 Bilbao, L 10 Tribunal

Der Platz ist das Zentrum von Malasaña, eines Wohnviertels des 19. Jh. Tagsüber geht es hier recht gemütlich zu, dann mutet der Platz mit spielenden Kindern und Eltern, die in den Terrassenlokalen vor einem Café sitzen, fast intim an. Nachts wechselt das Ambiente, Malasaña ist das von Jugendlichen bevorzugte Szeneviertel. Viele Abendtreffs liegen in den Straßen San Andrés, Divino Pastor, Velarde, San Vicente Ferrer und La Palma, rund um die Plaza del Dos de Mayo. Der Name ›Platz des 2. Mai‹ verewigt übrigens das Datum des Volksaufstands von 1808 im Gedächtnis der Madrilenen: Ihr Widerstand gegen Napoleons Soldaten endete für viele Bürger tödlich, so auch für Manuela Malasaña, nach der das Viertel benannt ist.

Carlos III, König und ›bester Bürgermeister‹ Madrids, beherrscht die Puerta del Sol

Puerta del Sol ► D/E 5/6

Metro: L 1, 2, 3 Sol

Einst stand hier ein Stadttor, das namengebende Sonnentor, das zusammen mit der mittelalterlichen Stadtmauer abgerissen wurde. Im 19. Jh. lief die Puerta del Sol dem historischen Hauptplatz der Stadt, der älteren Plaza Mayor, den Rang ab; hier fokussierte sich das Madrider Sozialleben. Heute markiert der Platz das geschäftige Zentrum der Altstadtviertel und der gesamten Metropole. Das Wahrzeichen Madrids, die Bärin, die sich an einem Erdbeerbaum aufrichtet, steht am Eingang zur Calle de Alcalá und eine Kopie der schönen Mariblanca (›Weiße Marie‹) vorn an der Calle del Arenal, während Carlos III zu Pferd den Platz beherrscht.

Die einheitliche Architektur der Häuser und das Cremegelb der Fassaden vermitteln das Bild einer harmonischen Anlage, aus der die ältere **Casa de Correos** mit ihrem Uhrturm, einst Postgebäude, heute Sitz der Regierung der Comunidad de Madrid, heraussticht. Vor dem Haus ist im Straßenpflaster eine Plakette eingelassen, die den **Kilometer Null** (Kilómetro 0) für alle spanischen Nationalstraßen bezeichnet.

Templo de Debod ► B 4

Ferraz s/n, Metro: L 2, 3, 10 Plaza de España, L 3 Ventura Rodríguez, April–Sept. Di–Fr 10–14, 18–20, im Winter 9.45–13.45, 16.15–18.15 Sa, So 10–14 Uhr, Fei geschl., Eintritt frei

Auf dem Hügel am Südende des Parque del Oeste, auf dem Napoleons Soldaten 1808 aufständische Madrilenen erschossen, steht ein dem Gott Ammon geweihter **ägyptischer Tempel** aus der Zeit um 200 v. Chr. Von seinem Platz am Ufer des Nils musste er beim Bau des Assuanstaudamms weichen. Die Ägypter ›verschenkten‹ ihn an Spanien, als Dank für die Arbeit spanischer Archäologen. Stein für Stein wurde das zwischen zwei Wasserbecken platzierte Heiligtum wieder aufgebaut.

Tipps für Museumsbesuche

Madrid besitzt mehrere Dutzend Museen. Meist ist der Montag Ruhetag. Generell sind auch der 1. Januar, Karfreitag, der 1. Mai sowie der 25. Dezember Ruhetage.
Eintrittsfreie Tage: Praktisch alle Museen haben eintrittsfreie Tage. Sie gelten allerdings nur für Mitglieder der Europäischen Union (Ausweis mitbringen). **Mittwoch:** Palacio Real ab 15, im Sommer ab 17 Uhr; Monasterio de la Encarnación und Monasterio de las Descalzas Reales, nachmittags; Real Academia de Bellas Artes de San Fernando. **Donnerstag nachmittag:** Palacio Real ab 15, im Sommer ab 17 Uhr; Monasterio de la Encarnación und Monasterio de las Descalzas Reales, Museo Cerralbo, Museo Nacional de Artes Decorativas. **Samstag:** Centro de Arte Reina Sofía ab 14.30 Uhr, Museo Cerralbo ab 14 Uhr, Museo del Romanticismo ab 14 Uhr. **Sonntag:** Centro de Arte Reina Sofía, Museo Cerralbo, Museo de América, Museo Nacional de Artes Decorativas, Museo Sorolla, Museo del Romanticismo.
Ermäßigter Eintritt: Rentner, Studenten und Jugendliche unter 18 Jahren und z. T. auch Arbeitslose und Behinderte erhalten Ermäßigungen von 50 % oder mehr bei Vorlage entsprechender Ausweise.
Die großen Kunstmuseen am Paseo del Prado: ›Abono Paseo del Arte‹ nennt sich das Kombiticket für den Besuch der drei großen Kunsttempel Museo del Prado, Museo Thyssen-Bornemisza und Centro de Arte Reina Sofía. Der Preis beträgt 21,60 € und bringt eine Ersparnis gegenüber Einzeltickets. Im **Museo Nacional Centro de Arte Reina Sofía** ist wochentags ab 19 Uhr der Eintritt frei, im **Museo Nacional del Prado** Mo–Sa ab 16, So, Fei ab 17 Uhr.

Museen

Fundación Lázaro Galdiano

▶ nördl. G 1

Serrano 122, www.flg.es, Metro: L 5 Rubén Darío, L 7, 10 Gregorio Marañón, Mo, Mi–Sa 10–16.30, So 10–15 Uhr, 6/3 €, je 1 Std. vor Schluss gratis

Der 1947 verstorbene Verleger Lázaro Galdiano hat eine der landesweit bedeutendsten Privatsammlungen zusammengetragen. Sie füllt einen überaus luxuriösen, in einem Garten liegenden Adelspalast im Nobelviertel Salamanca. Besonders beeindruckend ist die Gemäldesammlung, in der große Künstlernamen vertreten sind.

Museo de América ▶ A 1

Avenida de los Reyes Católicos 6, museodeamerica.mcu.es, Metro: L 3, 6 Moncloa, Di–Sa 9.30–20.30, So, Fei 10–15, 3 €, So für EU-Bürger frei

Das Museum ist dem Kontinent gewidmet, den Kolumbus 1492 entdeckte und der in den Folgejahrhunderten zum spanischen Kolonialreich gehörte. Geografie und Natur, die Lebensweise und Kultur der indigenen Völker, die Kolonisierung und Weiterentwicklung der Gesellschaften in Mittel- und Südamerika werden mit zahlreichen Dokumenten erklärt. Der Grundstock stammt aus der Königlichen Naturhistorischen Sammlung, die Carlos III 1771 begründet hatte. Zu den Perlen des Museums zählen die Exponate präkolumbischer Kunst, darunter der aus 62 Goldobjekten bestehende **Schatz der Quimbaya** und ein 112 Seiten umfassender **Maya-Kodex** mit Hieroglyphen und figürlichen Motiven.

Museo Arqueológico Nacional
► G 4

Serrano 13, man.mcu.es, Metro: L 4 Colón, Serrano, L 2 Retiro, Wiedereröffnung 2013, Infos in der Tourist-Info

Das Archäologische Museum dokumentiert in einem historischen Bau die spanische Kulturgeschichte von der Steinzeit bis zum 19. Jh. Zu den Perlen des Museums zählen die Nachbildung der steinzeitlichen Höhlenmalereien von Altamira, die iberische Skulpturenkunst, die zahlreichen Funde aus der Zeit der römischen Herrschaft, westgotische Votivkronen sowie die Beispiele maurischer Zierkunst.

Museo Cerralbo ► C 4

Ventura Rodríguez 17, Metro: L 2, 3, 10 Plaza de España, Di–Sa 9.30–15, Do 17–20, So, Fei 10–15, im Juli/Aug. bis 14 Uhr, 3 €, Do nachmittags, Sa ab 14 Uhr u. So Eintritt frei

Als der Markgraf von Cerralbo 1922 starb, vermachte er sein Palais samt Inhalt der Stadt. Ein Marmortreppenhaus mit Freskenschmuck ist der Auftakt zu einem Rundgang durch 30 Säle, in denen sich der Lebensstil des Madrider Adels im 19. Jh. erahnen lässt. Die Privatsammlungen des Marqués umfassen Mobiliar und Einrichtungsgegenstände, Porzellan, Uhren, Fächer, Waffen, Tapisserien, eine Bibliothek – und Gemälde von Tizian, Veronese, Tintoretto, van Dyck, El Greco, Zurbarán, Ribera oder Velázquez.

Museo Nacional de Ciencias Naturales ► direkt oberhalb G 1

José Gutiérrez Abascal 2, www.mncn.csic.es, Metro: L 10 Nuevos Ministerios, L 6 República Argentina, Di–Fr 10–18, Sa 10–20, Juli/Aug. bis 15, So 10–14.30 Uhr, 6 €, Kinder 3 €

Spaniens bedeutendste naturhistorische Sammlung umfasst Fossilien, Mineralien, Wirbeltiere und Wirbellose – und als Hauptattraktion riesige Dinosaurierskelette.

Museo Nacional de Artes Decorativas ► G 5

Montalbán 12, Metro: L 2 Banco de España, Retiro, Di–Sa 9.30–15, Do auch 17–20 (außer im Juli/Aug.), So, Fei 10–15, 3 €, Do nachmittags u. So Eintritt frei

In einem fünfstöckigen Stadtpalais aus dem 19. Jh. werden Kunstgewerbe und Wohnstile verschiedener Epochen und Regionen Spaniens vorgestellt. Man sieht typische Gebrauchs- und Dekorationsobjekte, Holzmöbel, geschnitzte Holzdecken, lederbespannte Stühle, Ledertapeten, Wandteppiche, Lampen, Spitzenarbeiten. Besonders interessant sind die Kachel- und Keramikarbeiten, u. a. die mit Kacheln aus Manises ausgeschlagene valencianische Küche des 18. Jh.

Museo Naval ► F 5

Paseo del Prado 5, Metro: L 2 Banco de España, Di–So 10–18 Uhr, im Aug. geschl., Eintritt frei (Personalausweis!)

Das Schifffahrtsmuseum dokumentiert die Geschichte der Schifffahrt in historischen Modellen und Seekarten. Sehr eindrucksvoll! Ein Vorzeigestück ist die erste Weltkarte von Juan de la Cosa.

Museo Sorolla ► F 1

Po. General Martínez Campos 37, museosorolla.mcu.es, Metro: L 5 Rubén Darío, Di–Sa 9.30–20, So, Fei 10–15 Uhr, 3 €, So Eintritt frei

Eine umfassende Werkschau des ›Malers des Lichts‹, des Valencianers Joaquín Sorolla. Zu Beginn des 20. Jh. lebte Sorolla in diesem Madrider Palais mit einem kleinen Garten. Das Haus und die darin präsentierte Kunst versetzen in die Zeit der Wende vom 19. zum 20. Jh. zurück: Bilder mit viel Mittelmeerromantik, idyllische Szenen spanischen Lebens und spanischer Landschaften, zahlreiche Bilder von seiner Frau und seinen Kindern.

Real Academia de Bellas Artes de San Fernando ► E 5
Alcalá 13, rabasf.insde.es, Metro: L 1, 2, 3 Sol, L 2 Sevilla, Di–Fr 9–15, So, Fei 9–14.30 Uhr, 5/2,50 €, Mi Eintritt frei
Die Königliche Akademie der Schönen Künste führt neben den großen Kunstmuseen der Stadt ein Schattendasein – zu Unrecht. Vielen Künstlernamen aus dem Prado begegnet man hier wieder. Die Sammlung spanischer Malerei des 16.–20. Jh. umfasst Werke der Maler des Goldenen Zeitalters und Kleinode von Goya, Velázquez, Picasso und Gris. Die Calcografía unten im Haus ist als Graphikmuseum Goyas ›Caprichos‹ gewidmet.

Real Fábrica de Tapices ► H 8
Fuenterrabía 2, Metro: L 1 Atocha-Renfe, Mo–Fr 10–14 Uhr, 4 €
Die Königliche Teppichfabrik existiert seit 1721 unter Federführung einer eigens nach Madrid berufenen flämischen Familie. Kostbare Gobelins, wie sie im Madrider Schloss als Wandschmuck zu sehen sind, werden hier an Webstühlen des 18. Jh. gefertigt.

Parks und Gärten

Casa de Campo ► westl. A 4–5
Metro: L 10 Lago, Batán
Das ehemalige Jagdgelände der spanischen Könige ist eine riesige Grünzone auf der anderen Seite des Stadtflüsschens Manzanares. Besonders an Wochenenden zieht es die Madrilenen

Zum Stierkampf?

Kultur? Ritual mit fast religiösem Charakter, Volksspektakel oder Tierquälerei? Der Stierkampf ist ein Reizthema, auch in Spanien. Vorbei die Zeit, in der er quasi fester Bestandteil des Kulturlebens war. Über die Jahrhunderte wurden die Regeln und Gesetze des Stierkampfes geformt, ein Ritual mit festem Ablauf, das an einem Stierkampfnachmittag bis zu sechs Mal wiederholt wird. Die Madrider *aficionados,* die Szene, trifft sich in der 1931 eingeweihten Arena. Olé, lautet ihr Ruf, wenn die Zeremonie so abläuft, wie es die Regeln der *corrida* verlangen. Stierkampfzeit ist von Ostern bis Oktober am Wochenende, während der Feria de San Isidro täglich (s. S. 17). Preiswerter sind die Plätze, auf denen man der Sonne ausgesetzt ist *(sol),* teurer die Schattenplätze *(sombra).* Zum stilgerechten Ausklang geht man zur Ochsenschwanz-Tapa um die Ecke ins **Los Clarines**
(► L 3, Bocángel 2) oder zu **Los Timbales** (► L 3, Alcalá 227).
Sehenswert ist die Stierkampfarena, die Plaza de Toros Monumental de las Ventas. Sie ist die größte Spaniens. Auf den Rängen rund um den Sandplatz finden 23 000 Zuschauer Platz. Die Ornamentik des 1931 eingeweihten Ziegelsteinbaus greift maurische Stilelemente auf. Angeschlossen ist ein Museum mit Stierkampftrophäen sowie historischen Dokumenten und Erinnerungen an berühmte Toreros.
Plaza de Toros Monumental de las Ventas: ► L 2, Alcalá 237, Tel. 687 73 90 32, Museum Tel. 917 25 18 57, www.las-ventastour.com, Metro: L 2, 5 Ventas, geöffnet Juli–Sept. 10–14, 15–19 Uhr, Okt. –Juni 10–18 Uhr, Besichtigung/geführte Touren ca. alle 45 Min.,9/6 €.

Sogar direkt vor dem Schloss nutzen die Madrilenen ihre kleinen grünen Oasen

hierher: zum Picknicken oder zum Joggen, zu Bootspartien auf dem See, zum Ausflug mit den Kindern in den Vergnügungspark Parque de Atracciones oder in den Zoo. Gern nutzen Familienclans die Gelegenheit, in einem der typischen Grillrestaurants zu essen, die oft direkt am See gelegen sind (s. auch S. 71).

Madrid Río ► A 4–8

Neue Grünareale am Manzanares-Fluss, s. S. 69

Jardín Botánico ► F–G 7

s. S. 46

Parque del Buen Retiro

► G–H 5–7, s. S. 53

Parque del Oeste ► A–B 1–4

Metro: L 3, 6 Moncloa

Die große Grünanlage oberhalb des Manzanares-Ufers im Nordwesten der Stadt besitzt ein umfangreiches Wegenetz für Spaziergänger, Jogger oder Radler – auf einem zum Fluss hin abfallenden Gelände. Im Park befindet sich unterhalb des Paseo del Pintor Rosales die Talstation des Teleférico, in dessen Kabinenliften man über den Fluss hinweg zur Casa de Campo schweben kann (www.teleferico.com, nächste Metro-Station: L 3, 4, 6 Argüelles, Mitte März–Mitte Sept. Mo–Fr 12–14.45 u. 16 Uhr bis zum Sonnenuntergang, Sa, So durchgehend, im Winterhalbjahr Sa, So, Fei 12–18 Uhr, 3,70 €, hin und zurück 5,35 €, Rentner der EU 4,50 €, Kinder unter 3 Jahren gratis). Rosenliebhaber besuchen die **Rosaleda,** einen Rosengarten mit über 10 000 Rosensorten. Am Rande des Parks liegt der **Templo de Debod** (s. S. 77), und der **Panteón de Goya** (s. S. 75) ist von hier zu Fuß gut zu erreichen.

Ausflüge

Aranjuez ► Karte 3, B 3

Stilecht nähert man sich Aranjuez in einer alten Dampflok mit Holzwaggons (s. u.), dem Nachbau des historischen Erdbeerzugs, der die Strecke 1851 erstmals befuhr. In der fruchtbaren Auenlandschaft 50 km südlich von Madrid, welche die Stadt mit Erdbeeren versorgte, errichteten die seit 1700 regierenden Bourbonen eine **königliche Sommerresidenz.** Durch die Prunkgemächer des Palacio Real finden Führungen statt. Zu Spaziergängen laden die berühmten **Gärten** von Aranjuez ein, die im 18. Jh. unter Carlos III und Carlos IV gestaltet wurden. Im Jardín del Príncipe (Prinzengarten) steht die um 1800 für höfische Feste errichtete Casa del Labrador. In der Casa de Marinos sind die königlichen Barken und Gondeln ausgestellt, auf denen sich die Herrschaften genüsslich auf dem Fluss treiben ließen.

Infos

Öffnungszeiten: Okt.–März 10–18, April–Sept. Di–So 10–20 Uhr, die Casa del Labrador schließt 15 Min. früher; Gärten tgl. 8 Uhr bis Sonnenuntergang; Palastbesichtigung inkl. Barkenmuseum und Casa del Labrador 9/4 €, Mi, Do 15–18, im Sommer 17–20 Uhr Eintritt frei. Infos unter Tel. 918 91 07 40.

Nahverkehrszüge: Linie C-3 ca. alle 15/30 Min. ab Puerta del Sol sowie Bahnhof Atocha, ca. 45 Min. Tren de la Fresa: Juli, Sept./Okt. ab Museo del Ferrocarril, Tel. 902 22 88 22, www.museodelferrocarril.org, 29 €, Kinder von 4 bis 12 J. 21 €. Busse: Aisa Linie 339/423 ab Estación Sur de Autobuses (s. S. 25), Tel. 902 19 87 88, www.aisa-grupo.com.

Bootstouren auf dem Tajo: Di–So 11 Uhr bis Sonnenuntergang, ab Embarcadero Puente de Barcos, 7/4 €.

Chinchón ► Karte 3, B 3

Chinchóns unregelmäßiger Hauptplatz, die Plaza Mayor, ist eine einzige Augenweide: ein Ensemble aus archaischen Landhäusern mit Laubengängen und holzgezimmerten Galerien. Am ersten Sonntag im Monat findet auf der Plaza Mayor ab 10.30 Uhr bis abends ein Kunsthandwerksmarkt statt. Doch nicht nur dieses Platzes wegen schwärmen Wochenendausflügler aus Madrid in das Dorf 45 km südöstlich der Stadt. Chinchón hat als kulinarische Oase einen guten Ruf. Viele Mesones bieten deftige kastilische Landkost an. Als Souvenir kauft man den örtlichen Anisschnaps namens Chinchón. Einen Café sollte man im Vier-Sterne-Parador zu sich nehmen. Er ist in einem ehemaligen Augustinerkloster aus dem 17. Jh. untergebracht.

Infos

Anfahrt: Mit dem PKW auf der A-3 Richtung Südosten, dann weiter auf der M-313, ca. 45 km. Busse: La Veloz Linie 337 ab Av. Mediterráneo 49 (Metro: L 6 Conde de Casal), Tel. 914 09 76 02, stdl. 7/8–22 Uhr, www.samar.es.

Real Sitio de San Lorenzo de El Escorial

▶ Karte 3, A 2

Gigantisch ist der Palast, den Philipp II. 1563–84 in den Ausläufern der Sierra de Guadarrama, 60 km nordwestlich von Madrid in San Lorenzo de El Escorial, errichten ließ. Ein Koloss aus eisgrauem Granit, dessen Dimensionen von 207 x 161 m der Machtzentrale eines damals bis zu den südamerikanischen Kolonien reichenden Riesenimperiums angemessen sein durften. Architekt Juan de Herrera konzipierte im Auftrag des Habsburger Herrschers einen kantigen Renaissancebau mit spitz behelmten Ecktürmchen, der zugleich als Palast und Kloster dienen sollte, denn Philipp II. war ein flammender Katholik.

Den Museumstrakt – mit einer Dokumentation der Baugeschichte – und die **Gemächer der Bourbonen** betritt man an der Nordseite. Das Gemäldemuseum präsentiert Werke von Tizian, Tintoretto, Rubens, van Dyck, van der Weyden, Velázquez, Zurbarán und El Greco. Die lang gestreckte Sala de las Batallas (Schlachtensaal) verdankt ihren Namen den martialischen Szenen der Wandgemälde: Sie stellen die Schlacht von Higueruela im Jahr 1431 gegen die in Granada herrschenden Muslime, die Belagerung von Saint-Quentin durch Philipp sowie die Seeschlacht von Lepanto dar.

Von seinem sparsam dekorierten Arbeitszimmer im schlichten Habsburgertrakt regierte Philipp II. ein Weltreich, und vom Schlafgemach, in dem er 1598 starb, verfolgte der strenge Katholik durch eine zur Kirche geöffnete Glastür jede Messe. Unter der 92 m hohen Kuppel der Basilika befindet sich das **Pantheon** der spanischen Könige. In den Marmorsarkophagen der Gruft ruhen fast sämtliche Herrscher seit Karl V. Die mit Fresken ausgemalte **Bibliothek,** ein Schmuckstück, setzt in der strengen Umgebung einen fast heiteren Akzent.

Die Gegend lädt zum Wandern ein. Unweit des Klosterpalastes ließ Carlos III 1771–75 Lustschlösschen für seine Söhne errichten: Die **Casita del Príncipe,** das Prinzen- oder Untere Schlösschen, liegt am Weg zum Bahnhof; zur **Casita del Infante,** dem Infanten- oder Oberen Schlösschen, kommt man durch den Paseo de Carlos III, ca. 2 km (Richtung Ávila). 2 km weiter an der Kreuzung, an der die Straße nach `Ávila abbiegt, geht es links zur sogenannten **Silla de Felipe II.** Von diesem ›Felsenstuhl‹ schaute Philipp II. dem Fortgang der Bauarbeiten am Escorial zu – ein herrlicher Aussichtspunkt auf den Klosterpalast und die Gebirgslandschaft der Sierra de Guadarrama.

Infos

Öffnungszeiten: Di–So 10–18, April–Sept. bis 20 Uhr, Kloster inkl. Casita del Príncipe und Casita del Infante 10/5 €, Mi, Do 15–18, im Sommer 17–20 Uhr für EU-Bürger gratis; Bourbonengemächer (Führungen alle 20–30 Min.) zusätzlich 7 €, Audioguide 4 €, Faltblatt 1 €. Info-Tel. 918 90 59 03.

Restaurant Mesón La Cueva: San Antón 4, Tel. 918 90 15 16, www.mesonlacueva.com, Mo geschl., Menüs ab ca. 18 €. Im Landhaus aus dem 18. Jh. kommt kastilische Küche auf den Teller: Braten, Grillfleisch, Fisch.

Nahverkehrszüge: Linie C-3 ca. stdl. von Atocha, Sol, Nuevos Ministerios, Chamartín, vom Bahnhof 10 Min. Fußweg. Busse: Linie 661/664 vom Busbahnhof Pl. Moncloa (Metro: L 3, 6 Moncloa) ab Terminal 1, Bussteig 11, alle 15 Min. 7–22 Uhr. Rückfahrt von San Lorenzo de El Escorial ab Estación de Autobuses in der C. Juan de Toledo.

Zu Gast in Madrid

Unter den hundertjährigen Kaffeehäusern Madrids ist das Jugendstilcafé des Círculo de Bellas Artes vielleicht das schönste. Cafés bleiben bis tief in die Nacht geöffnet, weil sich in ihnen schon immer die Debattierzirkel der Dichter, Politiker und Intellektuellen trafen, um ausgiebig über Gott und die Welt, Kunst und Literatur oder über Politik und Liebe zu philosophieren ...

Übernachten

Ein umfangreiches Angebot

Madrids Hotelangebot lässt kaum Wünsche offen. Es gibt viele neu eröffnete Häuser, darunter in stilvollen Bürgerhäusern oder sogar alten Adelspalästen in der Altstadt. Kapazitätsengpässe gibt es nur selten, eher bringt das enorme Angebot – von einer Bleibe mit Basic-Standard bis zum Luxushotel – für Gäste den Vorteil mit sich, dass sie den Preis verhandeln können oder dass sie auf den Websites Rabatte und Sondertarife für bestimmte Tage oder Saisons finden (besonders für Wochenenden, über Ostern und Weihnachten oder im Ferienmonat August). Es ist nicht schwer, ein gutes Doppelzimmer für weniger als 100 € zu bekommen. Wer möchte, kann ebenso in Luxus schwelgen, und das nicht nur im weltberühmten Ritz ...

Was ist ein Hostal?

Im Prinzip wählt man als Madridbesucher zwischen einem Hotel oder einer Pension, einem spanischen *Hostal*. Was die Hostales von den Hotels v. a. unterscheidet: Sie sind kleiner, sie sind (meist) bei vergleichbarem Standard immer noch etwas preiswerter, sie vermieten i. d. R. nur Zimmer, d. h. es gibt kein Frühstück, mit Glück aber einen Getränkeautomaten, es gibt nur selten Aufenthaltsräume oder Gemeinschaftsbereiche für die Gäste und sie sind eben privater und familiärer, da sie im kleinen Stil betrieben werden. Selbst wenn die Zimmerausstattung einfach ist, zählen mittlerweile das eigene Bad, der Fernseher und Air Condition zum Standard.

Ein Tipp für Familien

Die meisten Hostales bieten auch Mehrbettzimmer an – ideal für Familien und Gruppen und relativ günstig. Eine Alternative dazu sind die Apartment-Hotels mit eigener Kochgelegenheit; siehe z. B.:
www.atprincipe11.com
www.enbuscadeltiempo.com

Buchung und Preise

Reisebüros können günstige Pauschalarrangements Flug-Hotel vermitteln. Die Buchung per Internet über die Websites der großen Reiseveranstalter oder über gängige Hotelportale wie www.hrs.de, www.booking.com/madrid.de, www.expedia.de ist ebenfalls praktisch. Der Preisvergleich über die Hotelportale lohnt, denn fast immer gibt es günstige Tagesangebote.
Hinweis: Die Preise in diesem Buch beinhalten die Mehrwertsteuer (die IVA beträgt seit der Erhöhung im Herbst 2012 10 %).

Hotelketten im Internet

www.espanol.marriot.com
www.hoteles-catalonia.es
www.hthoteles.com
www.nh-hoteles.es
www.rafaelhoteles.com
www.room-matehotels.com
www.solmelia.es
Jugendherbergen: www.reaj.com

Günstig und nett

Die schönste Jugendherberge der Welt? – **Cat's Hostel: ■ Karte 2, E 6,** Cañizares 6, Tel. 913 69 28 07, www.catshostel.com, Metro: L 1, 2, 3 Sol, L 1 Antón Martín, Tirso de Molina, pro Pers. 19–23 € inkl. Frühstück. Eine Alternative zu den Jugendherbergen der Stadt. Das Haus aus dem 18. Jh. – mit andalusisch dekoriertem Patio – liegt unweit der Plaza de Santa Ana, einem der Szenetreffs in Madrid. Die Schlafräume sind für vier bis 14 Personen ausgelegt, es gibt eine kleine Bar und viel Partystimmung.

Mini-Pension – **Hostal Besaya: ■ D 4,** San Bernardo 13, 8. Stock, Tel. 917 58 76 30, www.hostalbesaya.com, Metro: L 2 Santo Domingo, DZ 60–65 €, EZ 45–50 €. An der Ecke zum Großstadtboulevard Gran Vía gelegen. Einzel-, Doppel- und Dreibettzimmer mit Bad, TV, Heizung, Air Condition und Telefon. Freundliche Vermieter.

Bei der Plaza Mayor – **Hostal Cruz Sol: ■ Karte 2, D 6,** Plaza de Santa Cruz 6, 3° (3. Stock), Tel. 915 32 71 97, www.hostalcruzsol.com, Metro: L 1, 2, 3 Sol, DZ ca. 58 €, EZ 47 €, 3-Bett-Zi 85 €. 17 kleine Einzel-, Doppel- und Dreibettzimmer mit Fliesenboden, Bad, Klimaanlage, Heizung, Safe, Telefon und TV in einem Gebäude des 19. Jh. mit Aufzug. Die Zimmer zum Platz mit Blick auf das Außenministerium haben einen kleinen Balkon. Wegen der Lage gleich bei der Plaza Mayor oft ausgebucht.

In der Obhut der Brüder Gonzalo – **Hostal Gonzalo: ■ Karte 2, F 6,** Cervantes 34, 3. Stock, Tel. 914 29 27 14, www.hostalgonzalo.com, Metro: L 1 Antón Martín, DZ 50–60 €, EZ 40–50 €, 3-Bett-Zi 65–75 €. Die Brüder Javier und Antonio Gonzalo führen das Hostal im Viertel Huertas. Ein alter Fahrstuhl befördert Gäste in den 3. Stock des Hauses. Die Lage ist bestens, alle wichtigen Sehenswürdigkeiten erreicht man zu Fuß. Glücklicherweise zählt die Calle de Cervantes zu den Straßen des Viertels mit geringem Lärmpegel. Sehr sauber, alle Zimmer verfügen über Bad, TV, Heizung.

Typisches Altstadthaus – **Hostal Madrid: ■ Karte 2, D 6,** Esparteros 6, 2° (2. Stock), Tel. 915 22 00 60, www.hostal-madrid.info, Metro: L 1, 2, 3 Sol, DZ ab 65 €, EZ ab 30/35 €, 3-Bett-Zimmer ab 90 €, häufig Sonderangebote. Ein Altstadthaus in bester Lage zwischen Plaza Mayor und Puerta del Sol, mit Holztreppe und altem Aufzug. Zimmer mit kleinem Bad, Parkettfußboden und dekorativen Steinwänden sowie WLAN.

Günstiger Klassiker – **Hotel Mediodía: ■ F 7,** Plaza del Emperador Carlos V 8, Tel. 915 27 30 60, www.mediodiahotel.com, Metro: L 1 Atocha, DZ ab 55 €, Frühstück 5 €. Das Mediodía, gegenüber dem Atocha-Bahnhof und neben dem Centro de Arte Reina Sofía, hat das Format eines gediegenen bürgerlichen Hotels: Schmuckfassade und schmiedeeiserne Balkone, Eingangshalle mit Teppichen, Stuck und Lüstern. Die 165 Zimmer haben Parkettfußboden und recht großzügige Bäder. Gutes Preis-Leistungs-Verhältnis. Die Zimmer zum Innenhof oder zum Platz sind ruhiger.

Fröhlich entspannt – **Hostal Tijcal I: ■ Karte 2, D 6,** Zaragoza 6, Tel. 913 65 59 10, www.hostaltijcal.com, Metro: L 1, 2, 3 Sol, DZ ab 50/65 €, Klimaanlage extra, 5 % Barzahlungsrabatt, Frühstück 3 €. Tijcal steht für *trabajo, igualdad, justicia, cultura, amistad, libertad:* Arbeit, Gleichheit, Gerechtigkeit, Kultur, Freundschaft, Freiheit. Entsprechend friedfertig ist die Stimmung. Ein freundlicher Argentinier, der Deutsch spricht, leitet das Hostal im 3. und 4. Stock eines Altstadthauses gleich bei der Plaza Mayor. Die kleinen, renovierten Zimmer mit Bad, teils mit Balkon zur Straße, sind sauber und fröhlich bunt getüncht. Auch Drei- und Vierbettzimmer.

Stilvoll wohnen

Inspirierend – **Hotel Abalú: ■ D 4,** Pez 19, Tel. 915 31 47 44, www.hotelabalumadrid.com, L 2 Noviciado, DZ ab ca. 100 €, Frühstück extra. Wer Gestaltungsideen für die eigenen vier Wände sucht, wird hier fündig: Jedes Zimmer bietet eine kleine Sensation an Farben, Stoffen oder Deko-Stücken – vom ›hängenden‹ Bett bis zum Designstuhl oder einer in den Raum integrierten Badewanne oder Dusche.

Kleinod in Lavapiés – **Artrip Hotel:** ■ E 8, Valencia 11, Tel. 915 39 32 82, www.artriphotel.com, Metro: L 3 Lavapiés, DZ ab ca. 100 €. Ein reizender Newcomer im Szeneviertel Lavapiés, der Besitzer hat das Haus seiner Großeltern aus dem Jahr 1900 liebevoll zu einem kleinen Hotel mit dem gewissen Etwas umgebaut. Jedes der Zimmer hat eine individuelle Handschrift, im Eingangsbereich hängen Bilder junger Künstler, die man auch erwerben kann. Kleiner Frühstücksraum, WLAN gratis.

Für Leseratten – **Hotel De las Letras: ■ Karte 2, E 5,** Gran Vía 11, Tel. 915 23 79 80, www.hoteldelasletras.com, Metro: L 1, 5 Gran Vía, L 2 Sevilla, DZ 120–320 €, Frühstück 20 €, Sonderangebote ab 90 €. Literarische Zitate zieren die Wände der gut 100 im Habitat-Stil designten Zimmer und Suiten – und natürlich gibt es eine Bibliothek. Damit nicht genug, den Gästen dieses schönen Hauses soll es ja an nichts fehlen: Restaurant und Café sind empfehlenswert, auf der Dachterrasse lädt die ›Air Longe Terraza‹ zum Abenddrink ein, Sauna, Pool und Fitnessraum dienen der Erholung und sportlichen Ertüchtigung.

Luxus im Adelspalast – **NH Palacio de Tepa: ■ Karte 2, C 5,** San Sebastián 2, Tel. 913 89 64 90, www.nh-hoteles.es/nh/es/hoteles/espana/madrid/nh-palacio-de-tepa.html, DZ 145– 435 €. Im mächtigen Adelspalast im Literatenviertel Huertas residiert jetzt ein Fünfsterner der NH-Kette, in dem der Gast König ist. 85 Zimmer und Suiten beherbergt der neoklassizistische Bau aus dem Jahr 1797, den einst der Graf von Tepa bewohnte und der von Grund auf renoviert wurde. Unten im Haus gibt es auch eine Tapas-Bar von Sternekoch Paco Roncero (Estado Puro, s. S. 94).

Eleganz mit Geschichte – **Hotel Palacio San Martín: ■ Karte 2, D 5,** Plaza de San Martín 5, Tel. 917 01 50 00, www.hotelpalaciosanmartin.es, Metro: L3, 5 Callao, DZ ab 150 € inkl. Frühstück. Ein Stadtpalast in ruhiger Lage neben dem Kloster der Descalzas Reales. Im 18. Jh. war das Haus Sitz der amerikanischen Botschaft, dann gehörte es einer Bank – und verfiel. Im heutigen Edelhotel dominieren dunkle spanische Holzmöbel mit leicht historischer Note. 8 Zimmer, im 5. Stock gelegen, haben eine geräumige Terrasse. Vom Restaurant ganz oben im Haus hat man einen schönen Blick auf die Altstadt. Hübscher überdachter Innenhof mit Sitzgelegenheit.

Modernes Design – **Petit Palace Ducal: ■ Karte 2, E 5,** Hortaleza 3, Tel. 915 21 10 43, www.hthotels.com, Metro: L 1, 5 Gran Vía, DZ 110–200 €, Frühstück 18 €. Zur Kette High Tech Hotels gehört das 58-Zimmer-Etablissement in einem kernsanierten Stadthaus vom Ende des 19. Jh., unweit der Gran Vía. Modern designte Zimmer mit cremefarbenen Wänden, viel Holz, schwarzen Möbeln – und Internetzugang. Teils mit Balkon oder Terrasse, einige Vierbettzimmer sind für Familien gedacht.

High Tech in alten Mauern – **Petit Palace Santa Bárbara: ■ F 3,** Plaza Santa Bárbara 10, Tel. 913 91 44 21, www.hthotels.com, Metro: L 4, 10 Alonso Martínez, DZ ab ca. 140 €, Frühstück 15 €, Sonderangebote unter 100 €. Ein recht neu eingerichtetes Hotel der für ihr modernes Design bekannten Kette der High Tech- bzw. Petit Palace-Hotels, Zimmer mit iPod-Dockingstation, Laptop, WLAN, kostenloser Radverleih. Das alte Treppenhaus im historischen Gebäude ist eine Augenweide, der Innenhof bietet eine angenehme Ruhezone. Auch Raucherzimmer.

Schick – **Room Mate Mario: ■ Karte 2, C 5,** Campomanes 4, Tel. 915 48 85 48, www.room-matehotels.com, Metro: L 2, 5 Ópera, DZ 110–180 €, Junior Suite 123–190 € inkl. Frühstück. Eines von mehreren Room Mate-Hotels in Madrid: Individuelle Zimmer, hell, modern, klare Linien, Lichteffekte. Das junge Designhotel in einem Gebäude vom Anfang des 20. Jh. liegt unweit vom Königspalast. Im Café/Frühstücksraum gibt es Getränkeautomaten und Internetanschluss.

Anspruchsvolle Modernität – **Vincci Soho: ■ Karte 2, E 6,** Prado 18, Tel. 902 45 45 85, www.vinccihoteles.com, Metro: L 1 Antón Martín, DZ 120–200 €, Frühstück ca. 15 €, Preisgestaltung je nach Auslastung, u. U. günstiger. 2006 in einem Komplex historischer Stadthäuser des Literatenviertels eröffnet. Stilvoll designt in Schwarz und Schlammtönen, einem Hauch Rot und viel Holz. Großer Barbereich, Hausrestaurant und beschauliche Terrasse.

Lesen und schlafen – Dichterzeilen zieren die Wände im Hotel de las Letras

Essen und Trinken

Man isst gut in Madrid!

Kulinarische Tage in Madrid erleben? Kein Problem, besser gesagt: Man kommt nicht umhin. Abgesehen davon, dass die Stadt über eine schier unüberschaubare Anzahl an guten und allerbesten Restaurants verfügt, wird man selbst dann, wenn man das nächstgelegene Lokal ansteuert, kaum wirkliche Enttäuschungen erleben. Dem Essen messen die Madrilenen große Bedeutung bei, und da sie – selbst in Krisenzeiten – viel und gern ausgehen, kritische Gaumen haben und die Konkurrenz groß ist, gibt sich die Gastronomie Mühe. Anders ausgedrückt: Wer billigen Wein anbietet oder das Fritieröl nicht oft genug wechselt, kann seinen Laden bald wieder schließen.

Öffnungszeiten

Restaurants öffnen etwa 13–16 und 20/21–23.30/24 Uhr. Wenn ein Lokal am Abend um 21 Uhr leer ist, darf man daraus keinen Rückschluss auf seine Beliebtheit ziehen. Eine Stunde später kann es plötzlich voll werden. Ruhetage sind meist der Sonntag oder Montag, Ferien machen Madrids Köche meist zwei bis drei Wochen im August.

Preise

Gut essen ist nicht gerade billig, das Preisniveau in den Restaurants ist europäisch. Aber fast alle Lokale bieten – zumindest mittags – ein *menú del día* (Tagesmenü) zu Preisen an, die sogar die Crème de la Crème der Gastronomie erschwinglich werden lassen. In gewöhnlichen Viertelrestaurants sind die *menús del día* konkurrenzlos günstig (ca. 9–15 €).

Kulinarischer Tagesablauf

Der Tag beginnt mit einem Café, ansonsten bevorzugen Spanier ein knappes Frühstück *(desayuno)*, mit ein paar *churros* (s. u.) oder einem Toast wird der Magen vorsichtig geweckt. Dafür nimmt man am späten Vormittag, zwischen 11 und 12 Uhr, eine Kleinigkeit zu sich, ein *almuerzo*, auch *aperitivo* genannt. Das Mittagessen *(comida)* zwischen 13.30 und 16 Uhr kann durchaus üppig ausfallen. Das Abendessen *(cena)* ab ca. 21 Uhr ist dann wahlweise ein richtiges Menü, oder man begnügt sich mit Tapas.

Frühstück

Eine richtige Frühstückskultur gibt es in Madrid nicht. Wer ausgiebig frühstücken möchte, kommt am ehesten in den großen Hotels auf seine Kosten. Ansonsten bekommt man in Bars belegte Brötchen *(bocadillos)* oder Toast. Wer frühstücken möchte wie die Madrilenen, sollte *churros* probieren. Diese schlanken Teigkringel wie auch die etwas dickeren und größeren Stangen, die *porras* heißen, werden in Olivenöl schwimmend in großen Kesseln ausgebacken. Es gibt sie in vielen Cafés und in kleinen Frühstücksbars in den Madrider *barrios*.

Tapas – eine Lebenskultur

Die halbe Stadt verbringt die Nächte auf den Beinen, unterwegs in Tavernen, Bars und *cervecerías* (Bierkneipen), die es zuhauf gibt und die alle auch Kleinigkeiten zu essen anbieten, denn ein Gläschen und ein Häppchen, eben eine Tapa, bilden in Spanien ein unzertrennliches Duo. Ein traditioneller Brauch, aus dem sich mittlerweile ein Kult entwickelt hat. Oliven, die unverzichtbaren *boquerones en vinagre* (marinierte Sardinen), Wurstwaren, Schinken und Käse stehen überall auf dem Programm, dazu oft auch eine Art Haute Cuisine der Tapas. Übrigens: die kleinen Portionen heißen Tapas, die etwas größeren *raciones*.

Fisch und Meeresfrüchte

Liebhaber von Fisch und Meeresfrüchten kommen in Madrid auf ihre Kosten. Jedes Restaurant führt die Rubrik *pescado* (Fisch) auf der Speisekarte, aus der man bedenkenlos auswählen kann. Das Angebot an *marisco* (Meerestieren) ist ebenfalls überwältigend – zumal Madrid nicht am Meer liegt (s. S. 93).

Restaurantmeilen

In den folgenden Straßen des Zentrums findet sich jeweils eine stattliche Zahl an unterschiedlichen Lokalen – hier können Sie sich selbst umsehen:

Cava Baja: ■ C 7–D 6
Calle de Argumosa: ■ E 7
Calle de Echegaray: ■ E 6
Calle Ventura de la Vega: ■ E 6
Cava de San Miguel/Calle de Cuchilleros: ■ D 6

Bezahlen

Man zahlt nicht einzeln, einer zahlt für alle, oder man legt zusammen. Das Trinkgeld lässt man nach Erhalt des Wechselgelds auf dem Tisch liegen.

Cafés und Frühstücken

Frühstücken wie die Spanier – **Bar Peyma:** ■ **D 7,** Embajadores 39/Plaza de Agustín Lara, Metro: L 3 Lavapiés, tgl. 8.30–1.30 Uhr. Die Bar liegt abseits der touristischen Trampelpfade und ist nichts Besonderes. Aber es gibt hausgemachte *churros* und *porras* und alles, was zum Frühstück schmeckt. Günstig und sogar auf sonnigen Außenplätzen.

Tradition zwischen Spiegeln – **Café del Espejo:** ■ **F 4,** s. S. 57.

Der Literatentreff – **Café Gijón:** ■ **F 4,** s. S. 57.

Im Haus der Schönen Künste – **Círculo de Bellas Artes:** ■ **Karte 2, F 5,** s. S. 36.

Schokolade bis zum frühen Morgen – **Chocolatería San Ginés:** ■ **Karte 2, D 5,** Pasadizo de San Ginés, www.chocolateriasangines.com, Metro: L 1, 2, 3 Sol, tgl. 9.30–6.30 Uhr. Kakao stärkt bekanntlich – und das gilt besonders für die dickflüssige spanische Schokolade. Deswegen hat die *chocolatería* an der San-Ginés-Kirche fast rund um die Uhr regen Zuspruch, auch am Ende einer langen Madrider Nacht! Zum Kakao gibt es *churros* und andere Kleinigkeiten.

Gourmet-Lokale

Zu Tisch bei Darío Barrio – **Dassa Bassa:** ■ **G 4/5,** Villalar 7, Tel. 915 76 73 97, www.dassabassa.com, Metro: L 2 Retiro, Di–Sa 13–16, 20–23.30 Uhr, Menüs 25, 65, 80 €. In den stilvoll hergerichteten Ziegelsteingewölben eines ehemaligen Kohlenkellers zaubert Darío Barrio fantasievolle und – darauf legt er Wert – gesunde, reichhaltige Kost auf

In die renovierte Markthalle Mercado de San Miguel geht man auch zum Tapas-Essen

den Tisch, frisch gemachte Saisongerichte. Ein Name, der in Madrid unter Gourmets angesagt ist.

Carne roja – **Julián de Tolosa: ■ Karte 2, C 6,** Cava Baja 18, Tel. 913 65 82 10, Metro: L 5 La Latina, L 1, 2, 3 Sol, Mo–Sa 13.30–16, 21–24, So 13.30–16 Uhr, Fei geschl., Menü ca. 50 €. Regionale Produkte aus Nordspanien – Gemüse und bestes Rindfleich *(carne roja)* – gibt es in diesem feinen Altstadtrestaurant. Viele Gäste kommen wegen der exzellenten Rinderkoteletts.

Beim Starkoch – **Sergi Arola Gastro: ■ F 2,** Zurbano 31, Tel. 913 10 21 69, www.sergiarola.es, Metro: L 4, 5, 10 Alonso Martínez, Restaurant Di–Fr 14–15.30, 21–23.30, Sa 21–23.30, Cocktailbar Mo–Sa 21–2 Uhr, Ende Dez., Ende Jan., Karwoche und Ende Aug. geschl., Menüs 105–135 €, Lunch-Menü Mo–Fr 49 €. Sergi Arola hat sich bereits Michelin-Sterne erkocht. Feinschmecker sind begeistert von der feinen Avantgardeküche. Das Lokal liegt etwas versteckt gegenüber dem Hotel Santo Mauro.

Kutteln für Feinschmecker – **La Tasquita de Enfrente: ■ D 4,** Ballesta 6 Tel. 915 32 54 49, www.latasquitadeenfrente.com, Metro: L 5 Gran Vía, Mi–Sa 13–16, 20.30–24 Uhr, Menü Juanjo 72 €. Klein, stilvoll, persönlich – Juanjo López scheint irgendwie immer gleichzeitig am Herd und bei seinen Gästen zu stehen. Ein Standardgericht sind Kutteln, so fein, so delikat, so ungewöhnlich, dass man in aller Zukunft nur noch Kutteln essen möchte. Frische Marktküche mit Fantasie.

Starküche in der Bankenmeile – **La Terraza del Casino: ■ Karte 2, E 5,** Alcalá 15, Tel. 915 32 12 75, www.casinodemadrid.es, Metro: L 1, 2, 3 Sol, L 2 Sevilla, Mo–Fr 13.30–16, 21–23.45, Sa 21–23.45 Uhr, Fei u. Aug. geschl., ab 80 €. Koch? Künstler? Immerhin durfte sich Ferrán Adriá, Schirmherr des Terraza, schon auf der Dokumenta in Kassel präsentieren. Küchenchef Paco Roncero, der ebenfalls Gastronomiepreise einheimste, setzt die Edelgastronomie à la Adriá um – in edlem Ambiente natürlich.

Gut und günstig

Indische Küche – **Adrish: ■ C 4,** San Bernardino 1, Tel. 915 42 94 98, www.restauranteadrish.com, Metro: L 2, 3, 10 Plaza de España, tgl. 12–16, 20–24/1 Uhr, Tagesmenü ca. 10 €, Degustationsmenüs 22–28 €. Im stadtbekannten Restaurant gibt es Curries und Gerichte aus dem Lehmofen.

Die Küche der Wüste – **Al-Jaima: ■ Karte 2, E 5,** Barbieri 1, Tel. 915 23 11 42, Metro: L 2 Banco de España, L 5 Chueca, tgl. 13.30–16, 21–24 Uhr, im Aug. geschl., ab 15 €. *La cocina del desierto* – die Küche der Wüste isst man stilecht auf Bodenkissen sitzend. Das marokkanische Design und die marokkanische Küche ziehen viele junge Leute an.

In jedem Viertel finden sich gute, günstige Lokale. In Lavapiés z. B. die vielen **indischen Läden** an der Calle de Lavapiés (s. S. 65). Immer ein guter Tipp ist **El Madroño** in der Altstadt (s. S. 32), typisch für Madrid sind die **Bodegas Rosell** (s. S. 52), und recht urig ist die **Casa Mingo** (s. S. 71).

Verfeinerte Hausmannskost – **El Económico/Soidemersol: ■ E 7,** Argumosa 9, Tel. 915 39 41 95, www.restauranteeleconomico.es, Metro: L 3 Lavapiés, tgl. 13–16, 20–23 Uhr, Menü 9/12 €, à la carte ab 25 €. Das Lokal in Lavapiés wird gern von jungen Leuten besucht. Menüs, *raciones*, günstige *platos combinados*. Abends nippt man an Cocktails.

Günstige Menüs zwischen Buchseiten – **Ex Libris: ■ Karte 2 E 5,** Infantas 29, Tel. 915 21 28 28, www.restauranteexlibris.com, Menüs ab 15 €, ›Arbeitsmenüs‹ inkl. Getränken ab 26 €.

Marisco – frisch aus dem Meer

Den besten Fischerhafen Spaniens hat Madrid – sagt man. Stimmt! Mercamadrid, der Fischgroßmarkt der Metropole, ist zwar nach Tokyo ›nur‹ der zweitgrößte der Welt, übertrifft jedoch in der Vielfalt des Angebots jeden anderen Umschlagplatz. In puncto *marisco* sind die Madrilenen Experten: ob Venusmuscheln, Teppichmuscheln, Entenmuscheln, Schwertmuscheln oder Elefantenfüße, ob Hummer, Kaisergranaten, Langostinos, Gambas, Austern oder Krebse. Hier zwei Lieblingsadressen:
El Cantábrico: ■ J 2, Padilla 39, Metro: L 5, 9 Núñez de Balboa, Ausgang Plaza Marqués de Salamanca, Mo–Sa 12–16, 19–24, So 12–16 Uhr, im Aug. geschl. Ein stadtbekanntes Lokal, in dem man in die ganze Vielfalt des in Madrid erhältlichen *marisco* eintauchen kann. Es gibt nur wenige Tische, meist steht man einfach am Tresen der urtümlichen Taverne mit hübsch gekachelten Wänden. Auch das Bier, das weiß befrackte Kellner aus versilberten Hähnen zapfen, schmeckt hier sehr gut.
El Barril: ■ J 4, Goya 86, Tel. 915 78 39 98, www.grupo-oter.com, Metro: L 2 Goya, Mo–Sa 13–16.30, 20–0,30, So 13–16.30 Uhr, à la carte ca. 50–60 €. In maritim designten Räumlichkeiten bietet das Restaurant eine Riesenauswahl an frischen Meeresfrüchten und Krustentieren.

Verfeinerte spanische Traditionsküche, es gibt gegrillte Gemüse, Mini-Tintenfischchen, Salate, Fleischgerichte. Die Wanddekoration, Seiten aus Büchern (ex libris), ist namengebend.

Wie vor 100 Jahren – **Tienda de Vinos: ■ E 4,** Augusto Figueroa 35, Tel. 915 21 70 12, Metro: L 5 Chueca, Mo 13–16, Di–Sa 13–16, 21–24 Uhr, Ende Juli/Aug. geschl., Tellergerichte 10–15 €. Tienda de Vinos, Weinladen, steht an der weinroten Holzfassade des Lokals gleich bei der Plaza de Chueca. Die urige Gaststätte von 1890 war einst Treffpunkt der Linken. Es gibt typisch madrilenische Hausmannskost, alles frisch gekocht, als Tagesgerichte wie als *raciones.*

Szene und Design

Moderne Citygastronomie – **Bazaar: ■ E 4,** Libertad 21, Tel. 915 23 39 05, www.restaurantbazaar.com, Metro: L 5 Chueca, L 2 Banco de España, tgl. 13–16, 20.30–23.45 Uhr, Mittagsmenü 10,50 €, à la carte um 25 €. Ein funktionaler Speisesaal mit großen Fenstern zur Straße und Holzfußboden. Serviert wird mediterrane Küche: Salate, Pasta, Crêpes, Fisch, Schmorgerichte.

Mediterrane Designküche – **La Gloria de Montera: ■ Karte 2, E 5**, Caballero de Gracia 10, Tel. 915 23 44 07, www.lagloriademontera.com, Metro: L 5 Gran Vía, tgl. 13.15–16, 20.30–23.45 Uhr, ca. 25 €, Tagesmenü ab 10 €. Szenig, kultig und nicht so teuer – das ist das Erfolgsrezept. Loftartiger Saal, ganz in Weiß und Schwarz gehalten. Das junge Ambiente zieht Heerscharen von Gästen an. Kreative Küche mit mediterraner Note: Pasta, Salate, Fleisch, Fisch.

Die Augen essen mit – **Pan de Lujo: ■ G/H 4,** Jorge Juan 20, Tel. 914 36 11 00, www.pandelujo.es, Metro: Serrano, tgl. 13.30–16, 21–24 Uhr, ab ca. 40 €. Schon das schicke Design in der früheren Brotbäckerei (*pan de lujo* = Luxusbrot) ist aufregend – das Spiel mit Licht und Farben, die hohen Fenster, die Ter-

Neue Kultlokale – Tapas von Spitzenköchen

Schickes Design und Tapas mit neuen Geschmacksnoten – dies ist das Erfolgsrezept der Lokale, die zwei Madrider Starköche, Sergi Arola und Paco Roncero, eröffneten.
Vi Cool: ■ Karte 2, E 6, Huertas 12, Tel. 914 29 49 13, www.vi-cool.com, Metro: L 1 Antón Martín, Tirso de Molina, tgl. 13.30–16.15, 20.30–24 Uhr, Cocktails So–Do 18–1, Fr, Sa 18–2 Uhr, ab 15 €. Tapaslokal, Restaurant, Cocktailbar: zum dezent avantgardistischen Design passen die Avantgarde-Tapas von Starkoch Sergi Arola. Die Riesengarnelen mit Curry und Minze überzeugen anspruchsvolle Gaumen ebenso wie die Hamburger für Feinschmecker.
Estado Puro: ■ Karte 2, F 6, E 6, Plaza de Cánovas del Castillo 4 (im Hotel NH Paseo del Prado), Tel. 913 30 24 00, Mo–Sa 11–1, So 11–17 Uhr, und Plaza del Ángel 9 (im Hotel NH Palacio de Tepa), Tel. 914 29 98 17, Do–So 13–2, Fr, Sa bis 3 Uhr, www.tapasenestadopuro.com, ab 15 €. Starkoch Paco Roncero hat Tapas-Bars in zwei NH-Hotels eröffnet. Schon wegen der Dekoration mit folkloristischen Imitationen spanischer Frauenhaarkämme sollte man einen Blick hineinwerfen. Und auch die Tapas sind eben ein bisschen szeniger und kultiger als andernorts.

Bekommt man in jeder Taverne: besten iberischen Schinken zu einem Glas Wein

rasse im Patio. Pan de Lujo ist ein Treffpunkt der Schicken und Schönen. Auf der Karte steht kreative Avantgardeküche wie etwa Hühnchen, mit Pfirsich und Foie gras gefüllt, oder Thunfisch, der mit einer Knoblauch-Soja-Limonensauce verfeinert ist.

Mexiko-Feeling – **La Taquería del Alamillo: ■ Karte 2, C 6,** Plaza del Alamillo 8, Tel. 913 64 20 88, Metro: L 5 La Latina, Mi–So 13–16, 20–24, Di 20–24 Uhr, ab 25 €. Die schöne Lage an einem kleinen Platz im Zentrum hat das Lokal zum Szenetreff werden lassen. Besonders nett sitzt man draußen. Gaumenschmaus für Mexikoliebhaber: z. B. *tacos* (gefüllte Maistortillas) oder *pozole* (Maissuppe).

Tapas

Die älteste Taverne der Stadt – **Antonio Sánchez: ■ Karte 2, D 7,** Mesón de Paredes 13, Metro: L 1 Tirso de Molina, Di–Sa 12–16, 20–23.30, So 12–16 Uhr, Tapas in allen Preislagen, Menü ca. 12 €. Zu Antonio Sánchez geht man vor allem, um diese vielleicht älteste Madrider Taverne zu sehen! Sie war immer ein Treffpunkt der Stierkampfszene – und ist eben entsprechend pittoresk.

Urtümlich – **Bodegas Ricla: ■ Karte 2, D 6,** Cuchilleros 6, Metro: L 1, 2, 3 Sol, Mo, Mi–Sa 11.30–15, 19–24, So 11.30–15 Uhr. Der Eingang ist leicht zu übersehen. Im urtümlichen Ambiente der Bodega lässt man sich die hausgemachten Tapas schmecken.

Rustikal – **Taberna Los Ángeles: ■ Karte 2, D 5,** Costanilla de los Ángeles 8, Metro: L 3, 5 Callao, tgl. 12–24 Uhr. Wie eine gemütliche Höhle mit Lehmwänden und Stützbalken mutet das Lokal an, das mit allerlei bäuerlichen Utensilien dekoriert ist. Flinke Kellner servieren Tapas und galicische Spezialitäten sowie neben Bier und Wein auch Apfelwein *(sidra)* aus Nordspanien.

Ein Klassiker – **La Taurina: ■ Karte 2, E 5**, Carrera de San Jerónimo 5, Metro: L 1, 2, 3 Sol, tgl. 8–1 Uhr. *Azulejos* an den Wänden, ausgestopfte Stierköpfe, Fotos von Stierkämpfern und Kellner, die – na ja – Matadoren zumindest im Outfit nacheifern. So viel Traditionsbewusstsein plus die leckeren Tapas und *raciones* sind ein Erfolgsrezept.

Tapas im Literatenviertel – **Prada a Tope: ■ Karte 2, E 6**, Príncipe 11, Tel. 914 29 59 21, www.pradaatope.es, Metro: L 2 Sevilla, L 1, 2, 3 Sol, Di–So 13.30–16.30, 20–24 Uhr, Aug. geschl., Tapas-Runde um 25 €. Landwirtchaftsprodukte aus der Provinz León werden hier verarbeitet: Käse, Blutwurst und Tortilla gibt's im Stehen oder am Tisch. Ein Klassiker im Literatenviertel.

Zwischen historischen Kacheln – **Taberna La Alhambra: ■ Karte 2, E 6**, Victoria, 9, Tel. 91 521 07 08, www.tabernaal hambra.es, Metro: L 1, 2, 3 Sol, So–Mi 11–1.30, Do 11–2, Fr, Sa 11–2.30 Uhr, Tapas ab 3,50 €, *raciones* ab 7 €. Alte *azulejos* schmücken die 1929 gegründete Taverne, die auch bei jungen Leuten beliebt ist. Man setzt sich gruppenweise an die Tische und bestellt für alle zusammen verschiedene typisch andalusische und madrilenische Tapas, von denen alle essen.

Typisch spanisch

Beste Paella – **La Barraca: ■ Karte 2, E 5**, Reina 29, Tel. 915 32 71 54, www.labarraca.es, Metro: L 2 Banco de España, L 1, 5 Gran Vía, tgl. 13.30–16.30, 20.30–24 Uhr, Tagesmenü 35 €, Reisgerichte 13–22 €. Reis und nochmals Reis: Paella, ›schwarzer‹ Reis, Reis mit Gemüse, *arroz a banda* mit getrennt serviertem Fisch und Meeresfrüchten, aber auch *fideuá*, eine Art Nudel-Paella. Die Innendekoration imitiert eine typische Bauernkate *(barraca)* der valencianischen Reisregion am Albufera-See. Ein hübsches und wirklich gutes Lokal.

Madrider Eintopf – **La Bola: ■ Karte 2, C 5**, Bola 5, Tel. 915 47 69 30, www.labola.es, Metro: L 2, 5, R Ópera, Mo–Sa 13–16, 20.30–23, So 13–16 Uhr, ca. 35 € (keine Kreditkarten). Ein rustikales Altstadtlokal mit dem Charme der guten alten Zeit. Seit 140 Jahren kommt hier *cocido a la madrileña* in Tontöpfen auf den Tisch. La Bola ist ganz der Madrider Traditionsküche verpflichtet.

Spanferkel – **Botín: ■ Karte 2, D 6**, Cuchilleros 15–17, Tel. 913 66 42 17, www.bo tin.es, Metro: L 1, 2, 3 Sol, tgl. 13–16, 20–24 Uhr, ab 45 €. Das Botín, auch Sobrino de Botín genannt, ist ein Klassiker: Seit Mitte des 19. Jh. wird in diesem Ziegelsteinbau unterhalb der Plaza Mayor beste kastilische Küche serviert, z.B. *cochinillo,* Spanferkel.

›Baskische‹ Sidrería – **Casa Matías: ■ C 4**, San Leonardo 12, Tel. 915 41 76 83, Metro: L2, 3, 10 Plaza de España, Mo–Sa 13.30–16, 21–24, So 13.30–16 Uhr. Zu Apfelwein *(sidra)* aus Nordspanien gibt es Grillfleisch und frische Fische. Typisch baskisch sind Stockfisch-Tortilla oder Reis mit Hummer.

Landkost – **Extremadura: ■ Karte 2, E 5**, Libertad 13, Tel. 915 31 82 22, www.restauranteextremadura.com, Metro: L 5 Chueca, L 2 Banco de España, à la carte ca. 35/40 €, tgl. 14–16.30, 21–24 Uhr, Aug./Sept. Mo, Di geschl. Ein kulinarischer Ausflug in den Südwesten Spaniens, in die ländlich gebliebene Region Extremadura. Es gibt ausgezeichnete Landküche, darunter Wildgerichte.

Feines aus Galicien – **Orixe: ■ Karte 2, C 6**, Cava Baja 17, Tel. 913 54 04 11, www.orixerestaurante.com, Metro: L 5 La Latina, Mo 20.30–24, Di–Sa 13–17, 20.30–24, So 13–17, Juni–Sept Mo–Fr 19–24, Sa 12.45–17, 20–24, So 12.45–17 Uhr, ca. 40 €, Tagesmenü 15 €. Das feine galicische Restaurant glänzt nicht nur mit modernem Design, die exzellente Küche macht es zu einem lohnenden Gourmet-Ziel. Auf der Karte stehen Bacalao und Thunfisch oder Kalbskeule, alles mit einer innovativen oder überraschenden Note zubereitet.

Reispfannen – **El Ventorrillo Murciano: ■ Karte 2, E 7**, Tres Peces 20, Tel. 915 28 83 09, Metro: L 1 Antón Martín, L 3 Lavapiés, Di–Sa 13.30–16, 20.30–23.30, So 13.30–16 Uhr, ab 35 €. Traditionsrezepte aus der mediterranen Gegend um Murcia: Reisgerichte, gegrilltes Gemüse oder *michirones,* Bohneneintopf mit Paprikawurst. Dazu gibt es gute Weine der Region.

Vegetarisch

Fantasievoll – **Artemisa: ■ Karte 2, E 6**, Ventura de la Vega 4, Tel. 914 29 50 92, www.restaurantesvegetarianosartemisa.com, Metro: L 2 Sevilla, tgl. 13–16, 21–24 Uhr, ab 25 €, Menüs ca. 12 €. Abwechslungsreiche vegetarische Küche: gefüllte Auberginen, Brennesselcreme, Salate, Pizzen, ökologischer Wein.

Makrobiotische Weltküche – **Isla del Tesoro: ■ Karte 2, D6,** Atocha 12, Tel. 913 69 73 73, www.isladeltesoro.net, L 1, 2, 3 Sol, L 1 Tirso de Molina, Mi–Sa 13.30–16, 21–24, So–Di 13.30–16 Uhr, ab ca. 20 €, Tagesmenüs ab 11 €. Die ›Schatzinsel‹ präsentiert sich mit kräftigen Wandfarben und Dekorationsstücken aus aller Welt – und mit gesunder, kreativ gekochter (Bio-)Kost, die selbst Nichtvegetariern Spaß macht.
Filiale: ■ D 3, Manuela Malasaña 3, Tel. 915 93 14 40, Metro: L 1, 4 Bilbao, tgl. 13.30–16, 21–24 Uhr.

Noch gibt es die typischen Viertelrestaurants, die oft pittoresk dekoriert sind

Einkaufen

Einkaufsparadies Madrid
Madrid ist nicht Mailand und nicht Paris und nicht London – weil das Preisniveau im Vergleich zu diesen Metropolen noch relativ moderat ist; weil es jenseits des globalisierten Einheitsangebots noch kuriose alte Läden gibt; weil Nachwuchsdesigner einen individuellen Stil mit dem gewissen spanischen Extra entwickelt haben und auch preislich eine Alternative zu den Haute Couturiers darstellen; weil man in den Markthallen und den vielen Fischläden den Flair des Südens und den Geruch des Meeres wahrnimmt.

Shoppingmeilen
Zum Shoppingbummel verlocken je nach Vorlieben folgende Straßen und Viertel: Recht günstig einkaufen, vor allem Schuhe und Kleidung, kann man rund um die Puerta del Sol und in den abzweigenden Calles **Preciados** – wo sich auch ein Corte-Inglés-Kaufhaus und Zara-Filialen befinden – und **Carmen.** Auch in die **Calle del Arenal** und die **Calle Mayor** kann man einen Blick werfen. Im Szeneviertel **Chueca** findet man Hippes und Flippiges (s. S. 39). Die nobelsten Bekleidungsläden der Stadt reihen sich rund um die **Calle de Serrano** im Viertel Salamanca (s. S. 55).

Nicht versäumen!
Der sonntägliche **Rastro** zählt zu den berühmtesten Flohmärkten der Welt (s. S. 66). Unter der Woche lohnen die Antiquitätenläden in der Rastro-Gegend einen Besuch. Nostalgiker werden sich in den **Altstadtgassen** rund um die Plaza Mayor und in den dortigen alten Läden besonders wohlfühlen. Madrider Süßigkeiten wie Veilchenbonbons und Turrón sind ein gutes Mitbringsel.

Das Kaufhaus El Corte Inglés
Die konkurrenzlose spanische Kaufhauskette bietet alles unter einem Dach, Mode, Haushaltswaren, Konsumartikel, eine große Lebensmittelabteilung. Sie hat zahlreiche Filialen, zentral gelegen sind die Läden an der Calle de Preciados (■ **Karte 2, D 5**, Mo–Sa 10–22 Uhr).

Markthallen
Lebensmittelmärkte findet man in Madrid nicht unter freiem Himmel, sondern in geschlossenen Hallen, die vor Sonne und Hitze schützen. Von außen sind sie oft unscheinbar, wirken fast wie Bunker. Im Innern entfaltet sich pralles südländisches Marktleben. Die schönste Markthalle der Stadt ist der Mercado de San Miguel (s. S. 32).

Öffnungszeiten
Faustregel: Mo–Fr 10–20, teils bis 21/22 Uhr, Sa 10–14 Uhr, kleinere Läden schließen zwischen 14 und 17 Uhr. Kaufhäuser und Supermärkte öffnen Mo–Sa 10–21/22 Uhr, das Gleiche gilt für die Geschäfte in den stark frequentierten Einkaufsmeilen.

Antiquitäten und Trödel

Riesenfundgrube – **Galerías Piquer:** ■ **D 7,** Ribera de Curtidores 29, Metro L 5 La Latina, L 1 Tirso de Molina, Mo–Fr 10–14, 16.30/17–20.30, Sa, So 10–14 Uhr. Dutzende Läden rund um einen Innenhof mit Galerie im ersten Stock bilden eine riesige Fundgrube für Skulpturen, Lampen, Möbel und jegliche Art von Sammlerobjekten. Sogar chinesische und orientalische Antiquitäten finden sich hier (s. auch S. 67).

Bücher und CDs

Haus des Buches – **Casa del Libro-Espasa Calpe:** ■ **Karte 2, D 5,** Gran Vía 29, Metro: L 1, 5 Gran Via, L 3, 5 Callao, Mo–Sa 9.30–21.30, So, Fei 11–21 Uhr. Das ›Haus des Buches‹ am Stadtboulevard: mehrere Stockwerke mit Belletristik, Reiseführern, Wissenschaft, Fotobänden, auch Fremdsprachiges.

Das Kulturkaufhaus – **FNAC:** ■ **Karte 2, D 5,** Plaza del Callao s/n, www.fnac.es, Metro: L 3, 5 Callao, Mo–Sa 10–21.30, So, Fei 11–21 Uhr. Ein regelrechtes Kulturkaufhaus mit einer immensen CD-Auswahl nach Themen und Alphabet sortiert. Zudem ein breites Angebot an Presse und Büchern.

Delikatessen und Lebensmittel

Konditorwaren – **Antigua Pastelería del Pozo:** ■ **Karte 2, E 6,** Pozo 8, Metro: L 1, 2, 3 Sol. Di–Sa 9.30–14, 17–20, So, Fei 9–14 Uhr, Mitte Juli bis Anf. Sept. geschl. Die 1830 gegründete Traditionskonditorei stellt ihre Torten und Kuchen sowie Pralinen oder Marzipan immer noch selbst her.

Spanische Spezialität – **Casa Mira:** ■ **Karte 2, E 6,** Carrera de San Jerónimo 30, Metro: L 1, 2, 3 Sol, Mo–Sa 10–14, 16.30–21, So 10.30– 14.30, 17.30–21 Uhr. Seit 1855 gibt es in diesem Lädchen die aus der Region Alicante stammende Süßigkeit *turrón,* aus Mandeln, Eiweiß und Zucker, und zwar aus eigener Herstellung.

Käse und Schinken – **Ferpal:** ■ **Karte 2, D 5,** Arenal 7, Metro: L 1, 2, 3 Sol, Mo–Sa 9.45–20.45 Uhr, 10.–30. Aug. geschl. Iberischer Schinken, spanische Wurstwaren und Käse aus ganz Spanien in bester Qualität. In der Café-Bar in einer Ecke gibt es lecker belegte Sandwiches, mittags wird es hier voll.

Spanische Weine – **Lavinia:** ■ **G 3,** José Ortega y Gasset 16, Metro: L 5, 9 Núñez de Balboa, Mo–Sa 10–21 Uhr. Riesen-Weinauswahl aus allen spanischen Regionen, darunter viele Sorten aus La Rioja und Ribera del Duero. Im Restaurant und der Tapas-Bar kann man die Tropfen auch gleich probieren (13–21 Uhr).

Veilchenbonbons – **La Violeta:** ■ **Karte 2, E 6,** Plaza de Canalejas 6, Metro: L 1, 2, 3 Sol, Mo–Sa 9.30–14, 16.30–20.30 Uhr. Stadtbekannt: ein Mini-Laden, dessen Spezialität Veilchenbonbons sind. Die bekommt man auch in hübschen Geschenkkartons.

Wurst und Wein – **Mallorca:** ■ **G 4,** Serrano 6, www.pasteleria-mallorca.com, Metro: L 2 Retiro, L 4 Serrano, tgl. 9–21 Uhr. Hier gibt es typisch spanische Delikatessen, die man auch gleich probieren kann.

Beste Olivenöle – **Patrimonio Comunal Olivarero:** ■ **E 3,** Mejía Lequerica 1, www.pco.es, Metro: L 4, 5, 10 Alonso

Martínez, Mo–Fr 10–14, 17–20, Sa 10–14 Uhr. *Aceite de oliva virgen,* kaltgepresstes Olivenöl, aus allen spanischen Regionen und in zig Geschmacksvarianten gibt es hier, auch in schönen Geschenkpackungen und ausgefallenen Flaschen. Beratung nur auf Spanisch.

Geschenke, Design, Kurioses

Eau de Toilette – **Álvarez Gómez: ■ G 4,** Serrano 14, Metro: L 2 Retiro, L 4 Serrano, Mo–Sa 10–20.15 Uhr. In der Parfümerie stellt man seit 100 Jahren hauseigene Duftwässer her. Deshalb kennt man diese Adresse in der besseren Gesellschaft gut. Außerdem gibt es Kosmetika, Badezusätze u. v. m.

Alles rund um den Flamenco – **DeFlamenco: ■ Karte 2, E 6,** Moratín 6, www.deflamenco.com, Metro: L 1 Antón Martín, Mo–Fr 10–14, 17–20.30, Sa 11–14, 17–20 Uhr. Eine Fundgrube zum Thema Flamenco: Kleidung, Schuhe, Seidentücher, Ohrringe und andere Accessoires, Musikinstrumente, Bücher und CDs sowie Souvenirs mit Flamenco-Motiven.

Schönes für die Küche – **El Alambique: ■ Karte 2, C 5,** Plaza de la Encarnación 2, www.alambique.com, Metro: L 2, 5, R Ópera, L 2 Santo Domingo, Mo–Fr 10–20, Sa 10–14 Uhr. Alles, was man zum Kochen, für die Küchenausstattung und den schön gedeckten Tisch braucht.

Feines Kunsthandwerk – **El Arco Artesanía: ■ Karte 2, D 6,** s. S. 29.

Seifenkunst – **Enjabonarte: ■ E 4,** Mayor 29, Metro: L 1, 2, 3 Sol, tgl. 10/11–21/21.30 Uhr. Der Name ist Programm: Seifen in zig Duftnoten und Farben, aus Grüntee, mit mediterranen Kräutern, Zitrone, Olivenöl etc. Die Stücke werden von großen Blöcken geschnitten, so wie man sie haben möchte, und es gibt hübsche Geschenkkartons dazu.

Ladengalerien

Neben dem Kaufhaus El Corte Inglés (s. S. 98), in dem es fast alles unter einem Dach gibt, findet sich in einigen Ladengalerien ein bunter Mix unterschiedlicher Geschäfte, überwiegend natürlich mit Mode.

ABC Serrano: ■ G 2, Serrano 61, Metro: L 5 Rubén Darío, Mo–Sa 10–21, So 12–20 Uhr. Das hübsche alte Zeitungshaus des ABC mit Mode, Geschenkartikeln, Spielzeug, Friseuren, dazu Bars und Restaurants.

Centro Comercial Príncipe Pío: ■ B 4/5, Paseo de la Florida 2, Metro: L 6, R Príncipe Pío, www.principepio.es, Mo–Sa 10–22, So, Fei 11–22 Uhr. Im alten Bahnhofsgebäude bieten Dutzende Geschäfte Mode, Accessoires, Geschenke, dazu gibt es gastronomische Betriebe und Freizeitvergnügen.

El Jardín de Serrano: ■ G 4, Goya 6–8, www.jardindeserrano.es, Metro: L 4 Serrano, Mo–Sa 9.30–21.30. Viele feine Boutiquen, s. S. 57.

Mercado de Fuencarral: ■ E 4, Fuencarral 45, Metro: L 1, 10 Tribunal, L 1, 5 Gran Vía, L 5 Chueca, Mo–Sa 11–21 Uhr, im Dez. auch So. Clubwear, Accessoires, Piercing, Make-up und vieles mehr, s. S. 39.

Kleine Läden mit pfiffiger Mode sind der große Trend – vor allem in Chueca

Schöne Taschen und Accessoires – **Piamonte: ■ F 4,** Piamonte 16, Metro: L 5 Chueca, Mo–Fr 10.30–20.30, Sa 11–20 Uhr. Ein ausgesuchtes Angebot an modernem Schmuck, feinen Tüchern und ganz ungewöhnlichen Handtaschen aus Leder wie aus anderen Materialien. Dazu gibt es eine kleine Auswahl an Schuhen und Kleidungsstücken. Eine Zweigstelle befindet sich in der Calle de Lagasca 28 (s. S. 56).

Alles aus Leder – **Puntera: ■ C/D 3,** Cristo 3, Metro: L 2, 3, 10 Noviciado, Mo–Fr 10–14, 17–20, Sa 10–14 Uhr; **■ Karte 2, C 6,** Plaza Conde de Barajas 4, Metro: L 1, 2, 3 Sol, Mo–Sa 10–14, 17–20, So 10–14 Uhr. Laden und Werkstatt mit handgefertigten Lederwaren: Taschen, Rucksäcke, Papierkörbe, Geldbörsen, lederbezogene Schreibhefte und Notizblöcke, Schuhe und Stiefel.

Märkte und Flohmärkte

Madrids berühmter Flohmarkt – **El Rastro: ■ Karte 2, D 7,** s. S. 66.

Hippie-Markt – **Casetas de Avenida de Felipe II: ■ J 4,** Avda. de Felipe II s/n, Metro: L 2, 4 Goya, Ausgang Felipe II, Mo–Sa 10/11–20/21 Uhr. Tücher, Schals, Hüte, Kleidung, Schmuck, Gürtel und Taschen werden auf diesem Markt angeboten. In Madrid nennt man die Händler auch die ›Hippies de Goya‹. Hier gibt es Gutes günstig.

Kunst – **Mercado de Pintores: ■ Karte 2, C/D 6,** Plaza del Conde de Barajas, Metro: L 1, 2, 3 Sol, So 10–14 Uhr. Der sonntägliche Künstlermarkt findet auf einem schattigen, fast versteckt liegenden Altstadtplatz unterhalb der Plaza Mayor statt.

Mode

Nobelshopping in Salamanca – **Calle de Serrano: ■ G 3–4,** s. S. 55.

Street Wear – **Cortefiel: ■ Karte 2, D/E 5,** Gran Vía 27, Metro: L 3, 5 Callao, L 1, 5 Gran Vía; weitere Filialen u. a. ■ **G 3**, Serrano 29 und 40, www.cortefiel.es, Metro: L 4 Serrano, Mo–Sa 11–21 Uhr. Eine gute Adresse in Sachen Mode für Männer und Frauen (Serrano: nur Herren). Cortefiel vertreibt auch die Kreationen bekannter Designer wie Pedro del Hierro oder Adolfo Domínguez.

Junges Outfit – **Lurdes Bergada: ■ F 4,** Conde de Xiquena 8, Metro: L 5 Chueca; ■ **E 4,** Fuencarral 70, Metro: L 1, 10 Tribunal; Mo–Sa 10–20.30 Uhr. Designermode, die Spaß macht: jung und leger, sportlich und mit dem gewissen Pfiff. Jedes Stück hat eine individuelle Note. Auch Accessoires.

Spanische Trendmode – **Zara: ■ Karte 2, D 6,** Carretas 6, Metro: L 1, 2, 3 Sol; ■ **Karte 2, D 5,** Gran Vía 34, Metro: L 1, 5 Gran Vía; ■ **Karte 2, D 5,** Preciados 18, Metro: L 1, 2, 3 Sol, L 3, 5 Callao; ■ **G 3,** Serrano 48, Metro: L 4 Serrano, Mo–Sa 10–21 Uhr. Eine mittlerweile international bekannte Modekette. Junge Mode zu günstigen Preisen, allerdings auch nicht für die Ewigkeit genäht. Das Erfolgsrezept: Alle Teile gibt es in begrenzter Stückzahl. Nicht jeder läuft damit herum.

Schmuck

Designer- und Ethnoschmuck – **Concha García: H 4,** Goya 38, Metro: L 4 Velázquez, L 2, 9 Príncipe de Vergara, Mo–Fr 10–20.30, Sa 10.30–14.30, 17–20.30 Uhr. Schmuck aus der Hand junger spanischer Designer, darunter Ana Font oder Joaquín Berao, der auch für das Königshaus arbeitete. Dazu Ethno-Schmuck aus Afrika und Asien, immer ausgefallen. Große Preisvariationen von günstig bis teuer.

Schmuck und Kunst – **Fusión: ■ Karte 2, E 6,** Príncipe 13, Metro: L 1, 2, 3 Sol, L 2 Sevilla, Mo–Fr 10–14, 17–20, Sa 11–14 Uhr. Ringe, Armreifen, Ohrringe und feiner Halsschmuck aus der Hand verschiedener spanischer Jung-Designer, überwiegend aus hochwertigem Silber. Ausgestellt und verkauft werden auch kleinere Kunstwerke wie Skulpturen und Gemälde.

Schuhe

Hanfschuhe – **Antigua Casa Crespo: ■ D 3,** Divino Pastor 29, www.alpargateriacrespo.com, Metro: L 1, 4 Bilbao, Mo–Fr 10–13.30, 17–20, Sa 10–13.30 Uhr, im Aug. drei Wochen geschl. Seit 1863 gibt es hier die typisch spanischen *alpargatas*, aus Segeltuch, Hanf, Baumwolle und Jute und in allen Farben.

Unverwüstlich – **Hípica El Valenciano/Curtidos Román: ■ D 7,** Ribera de Curtidores 16, www.tiendahipicaelvalenciano.com, Metro: L 3 Lavapiés, Mo–Fr 10–14, 17–20, Sa 10–14, So 8.30–14 Uhr. Feste Schuhe, Stiefel und Reitstiefel aus bester spanischer Handwerkstradition. Einen guten Ruf genießt das robuste Schuhwerk aus Valverde del Camino in Andalusien. Auch maßgeschneiderte Auftragsarbeiten.

Fußdesign für Sie – **M Calzado Diseño Español: ■ H 4,** Jorge Juan 22, www.estoeseme.com, Mo–Sa 10.30–20 Uhr. Schuhe und dazu passende Ta-

Tipps für den Schuhkauf

Im Viertel Chueca befindet sich Madrids Schuhstraße, die **Calle Augusto Figueroa** (■ **E 4,** s. S. 39), in der man aktuelle Schuhmode und sogar Modelle von namhaften Designern bekommt. Hier gibt es auch einen Outlet von **Farrutx** (Nr. 18).
Die mallorquinische Schuhmarke **Camper** (www.camper.com, Mo–Sa 10–21 Uhr), die in den letzten Jahren mit ihren sportlichen, bequemen und dennoch modisch designten Modellen international auf Erfolgskurs ging und besonders bei jungen Leuten beliebt ist, hat im Zentrum gleich mehrere Filialen, so in der Calle de Preciados 23 und Calle de Arenal 3 (beide ■ **Karte 2, D 5,** Metro: L 1, 2, 3 Sol). Weitere Filialen: Gran Vía 54 (■ **D 4**), Fuencarral 42 (■ **E 4**), Ayala 13 (■ **G 3**), Serrano 24 (■ **G 4**).

schen und Accessoires, allesamt gehobener spanischer Marken.

Solide Auswahl – **Lurueña: ■ C/D 4,** Gran Vía 60, Metro: L 3, 5 Callao, ■ **G 3,** Serrano 54, Metro: L 4 Serrano; Mo–Sa 10–20.30 Uhr. Gehobene spanische Schuhmode, vom rustikalen Straßenschuh bis zu High Heels.

Traditionsgeschäfte

Edel-Uhren – **Antigua Relojería de la Calle de la Sal: ■ Karte 2, D 6,** Sal 2, Metro: L 1, 2, 3 Sol, Mo–Fr 9.30–13.30, 16.30–20, Sa 10–13.30 Uhr. Das 1880 gegründete Geschäft gilt nach wie vor als erste Adresse für Liebhaber hochwertiger Uhren.

Capes – **Capas Seseña: ■ Karte 2, E 6,** Cruz 33, www.sesena.com, Metro: L 1, 2, 3 Sol, Mo–Fr 10–14, 16.30–20.30, Sa 10–14 Uhr. Der 1901 gegründete Laden hat Hochkonjunktur bei Persönlichkeiten des öffentlichen Lebens, die sich in feines Tuch kleiden möchten, genauer gesagt in Capes aus bestem Wollstoff. Schon Picasso kaufte hier ein, ebenso Michael Jackson. Es gibt auch spanische Schultertücher.

Handschuhe – **Carlos Luque: ■ Karte 2, E 6,** Espoz y Mina 3, Metro: L 1, 2, 3 Sol, Mo–Fr 10–13.30, 17–20, Sa 10–13.30 Uhr. *Guantes* für jeden Zweck und jede Gelegenheit gibt es bei dem hundertjährigen Handschuhfabrikanten.

Fächer – **Casa de Diego: ■ Karte 2, D 5,** Puerta del Sol 12, www.casadediego.net, Metro: L 1, 2, 3 Sol, Mo–Sa 9.30–20 Uhr. Seit 1858 werden in diesem Laden Fächer, Spazierstöcke und Regenschirme hergestellt und verkauft. Einer der ältesten Läden Madrids.

Spanische Gitarren – **José Ramírez: ■ Karte 2, D 6,** Paz 8, Metro: L 1, 2, 3 Sol, Mo–Fr 10–14, 16.30–20, Sa 10.30–14 Uhr. Spanische Gitarren bester Qualität. Sogar der weltbekannte Gitarrist Andrés Segovia bestellte in dieser Werkstatt einst sein Instrument.

Musikinstrumente – **Unión Musical Española: ■ Karte 2, E 6,** Carrera de San Jerónimo 26, Metro: L 1, 2, 3 Sol, Mo–Fr 10–13.45, 16.30– 20, Sa 10–13.45 Uhr. Traditionsgeschäft für Musikinstrumente jeglicher Art. Seit 1925 wird man hier kompetent beim Kauf beraten.

Ausgehen – abends und nachts

Madrid bei Nacht

An Wochenenden scheint niemand in Madrid zu schlafen. Man geht auf Tour durch *bares de copas* (Kneipen), Diskotheken, sog. *disco-bares* oder *cafés*. In einer Taverne eine Tapa probieren, um sich für den Abend warmzulaufen, in der nächsten Bar einer Latino- oder Afro-Band lauschen, irgendwo eine Flamenco-Session erleben – Langeweile kommt nie auf.

Cervecerías, Tabernas, Bares de Copas ...

Eine *cervecería* (*cerveza* = Bier) entspricht in etwa einer deutschen Kneipe, teils schenkt man hier Bier aus hauseigenen Brauereien aus. Die *tabernas* (Tavernen) sind historisch eher Weinkneipen, aber natürlich bekommt man in ihnen auch Bier und andere Alkoholika. Und dann gibt es noch an jeder Straßenecke die Lokale, die relativ neutral als Bar bezeichnet werden und die meist als Frühstücks-Bar öffnen und nachts als abendliche Viertel-Bar schließen. Liegt ihr Schwerpunkt eher auf dem Getränkeausschank bis spätnachts und auf nächtlicher Unterhaltung, vielleicht sogar mit Live-Musik, dann sprechen die Madrilenen gern von einer *bar de copas (copa* = Gläschen).

Musik und Tanz

Live-Konzerte in Musik-Bars und Kneipen und DJ-Nächte mit Tanz gehen oft erst gegen Mitternacht los, denn dann kommt die Stadt erst richtig auf Touren. Meist wird eine Eintrittsgebühr erhoben, oder der Preis der Getränke wird generell erhöht. Besonders beliebt sind in der Stadt die Musik-Bars, in denen Latin- und Afro-Rhythmen angesagt sind.

Zentren des Nachtlebens

Wer Madrider Nachtleben als Konzentrat erfahren möchte, steuere die Viertel Huertas, Malasaña und Chueca an, genauer gesagt die Plätze **Plaza de Santa Ana** (► E 6), **Plaza del Dos de Mayo** (► D 3) und **Plaza de Chueca** (► E 4) und deren Umgebung. Hier beginnt man den Abend in Kneipen und zieht dann weiter in die Bars und Discos, von denen viele erst um 23 oder 24 Uhr aufschließen. Jugendliche zieht es vor allem nach Malasaña, Gays nach Chueca. Die **Gran Vía** (► D–E 5) und die von ihr abzweigenden Gassen sind ebenso ein Zentrum des Nachtlebens. Und das Viertel **Lavapiés** (► D–E 7–8) darf nicht unerwähnt bleiben, in der warmen Jahreszeit ist besonders die Calle de Argumosa ein Treffpunkt, auch junger Leute.

Ein einziger Unterhaltungsmarathon

Das Kulturprogramm der Stadt ist unerschöpflich. Kein Monat im Jahr vergeht ohne ein wichtiges Stadtfest, ein mehrtägiges oder mehrwöchiges Kulturfestival und andere Events.

Madrid besitzt eine äußerst lebendige Theaterszene – schon die Dramatiker des Goldenen Zeitalters begeisterten hier ihr Publikum. Neben den großen Schauspielhäusern existieren einige Dutzend private Bühnen bzw. sog. *salas alternativas,* die mit wenig Geld viel experimentelles Theater inszenieren. Was gerade wo läuft, listen die wöchentlichen Progammübersichten auf.

Aktuelle Programmübersicht

Die Zeitungen El País, El Mundo und ABC bieten auf ihren Lokalseiten einen aktuellen Überblick über alle kulturellen Ereignisse sowie über die Aktivitäten der zahlreichen Ausstellungszentren in der Stadt. Gut ist die Freitags-Beilage »Metrópoli« von El Mundo, die im Gegensatz zu »On Madrid« von El País zusätzlich einen Restaurantreport enthält. Wöchentlich freitags erscheint auch das Veranstaltungsmagazin »Guía del Ocio«, und in den Touristeninformationen liegt das Heft »Esmadrid« aus. Infos im Internet:

www.guiadelocio.com
www.esmadrid.com
www.madrid.org/turismo
www.turismomadrid.es
www.descubremadrid.com
www.lanocheenvivo.com

Kartenvorverkauf

El Corte Inglés: Konzertkarten, Festivalkarten, Theaterkarten, Tel. 902 40 02 22, www.elcorteingles.es, s. S. 98.
Servicaixa: Konzerte, Theater, Fußball, Tel. 902 33 22 11, www.servicaixa.com
FNAC: Konzertkarten, Adresse s. S. 99.
Ticketmaster: Musik, Theater, Sport, Tel. 902 15 00 25,www.ticketmaster.es
Entradas.com: jegliche Events, Tel. 902 48 84 88/902 22 14 24, www.entradas.com

Cervecerías, Tabernas

Tavernenbummel im Literatenviertel – **Huertas:** s. S. 58.

Wo schon die Urgroßväter einkehrten – **Ángel Sierra: ■ E 4,** Gravina 11, Metro: L 5 Chueca, tgl. 12.30–2/2.30 Uhr. Direkt an der Plaza de Chueca, dem Zentrum des gleichnamigen Viertels. Schon die schmucke holzverkleidete Fassade ist sehenswert, und auch die Innenausstattung mit einer alten Theke, spanischen Wandkacheln *(azulejos),* Deckenfresko und romantischen Bildern versetzt in eine andere Zeit zurück. Wermut und Wein vom Fass oder gezapfte Biere gehen hier über die Theke. Auch in schwulen Kreisen ist Ángel Sierra als Treffpunkt beliebt.

Die ›deutsche‹ Bierkneipe – **Cervecería Alemana: ■ Karte 2, E 6,** Plaza Santa Ana 6, Metro: L 1, 2, 3 Sol, Mo, Mi, Do 10.30–0.30, Fr–So 10.30–2 Uhr, s. S. 59.

›Der Kater‹ – **Cervecería Los Gatos: ■ Karte 2, F 6,** Jesús 2, Metro: L 1 Atocha, L 2 Banco de España, tgl. 12–1.30/2 Uhr. Das Flair der früheren Madrider Stierkampfszene, des *ambiente taurino,* schlägt einem hier entgegen. Das Bier wird ordentlich gezapft und mundet entsprechend gut. Dazu bekommt man eine gute Auswahl an Tapas, etwa Gambas, die in Madrid sehr gern zum Bier gegessen werden.

Treffpunkt am Platz der hl. Anna – **Cervecería Santa Ana: ■ Karte 2, E 6,** Plaza Santa Ana 10, Metro: L 1, 2, 3 Sol, L 1 Antón Martín, So–Do 11–1.30, Fr, Sa bis 2.30 Uhr. Ein gut gezapftes Bier in ungezwungener Atmosphäre, dazu luftgetrockneter Schinken oder geräucherte Wurst. Wem es an der

Bar zu voll wird, der weicht in den Nebenraum oder auf die Terrasse aus.

Stadtbekannte Brauerei – **Cervecería Santa Bárbara: ■ F 3,** Plaza de Santa Bárbara 8, Metro: L 4, 5, 10 Alonso Martínez, tgl. 8–24 Uhr. Zum hauseigenen Bier aus der 1815 gegründeten Brauerei werden Gambas und andere Meeresfrüchte gereicht – und nach Gewicht bezahlt. Menüs ab 11 €.

Szenekneipe mit Geschichte – **La Ardosa: ■ E 4,** Colón 13, Metro: L 1, 4 Bilbao, L 1, 10 Tribunal, Mo–Fr 8.30–1.30, Sa, So 12–2.30 Uhr. Die Interieurs der kleinen Taverne sind noch vom Ende des 19. Jh. Im La Ardosa bestellt man Wermut vom Fass, Bier oder Guinness, dazu als Tapa z. B. *cazón en adobo* (marinierter Katzenhai).

Kommunikation am Tresen – **La Dolores: ■ Karte 2, F 6,** Plaza de Jesús 4, Metro: L 1 Atocha, L 2 Banco de España, Mo–Fr 11–1, Fr, Sa bis 2 Uhr. Ein hübsches Lokal im Literatenviertel, ganz im alten Stil, über dessen langen Tresen lecker belegte *canapés* (kleine Brotscheiben) und marinierte Sardellen geschoben werden. Meist steht man hier an der Theke, Sitzplätze sind rar.

›Es lebe Madrid!‹ – **Viva Madrid: ■ Karte 2, E 6,** Manuel Fernández González 7, Metro: L 1, 2, 3 Sol, L 2 Sevilla, tgl. 13–2.30 Uhr, Fr, Sa bis 3 Uhr, s. S. 59.

Cocktails

Sehen und gesehen werden – **Le Cock: ■ Karte 2, E 5,** Reina 16, Metro: L 1, 5 Gran Vía, L 2 Banco de España, Mo–Do 19–3, Fr–Sa 19–3.30 Uhr. Man kommt ins Le Cock, um gesehen zu werden: Die stadtbekannte Cocktailbar ist ein Treffpunkt der Schönen, der *gente guapa,* und der Kunstszene.

Drinks im Jugendstilambiente – **Del Diego: ■ Karte 2, E 5,** Reina 12, Metro: L 1, 5 Gran Vía, L 2 Banco de España, Mo–Sa 19–3/3.30 Uhr. Die Alternative zum Cock, nur einen Katzensprung entfernt. Eine gediegene Cocktail-Bar im Art-déco-Stil.

Wo schon Hemingway zechte – **Museo Chicote: ■ Karte 2, E 5,** Gran Vía 12, Metro: L 1, 5 Gran Vía, L 2 Banco de España, Mo–Do 8–2.30, Fr, Sa bis 3.30 Uhr. Die Cocktails sind nicht billig, aber schon Hemingway ließ sie sich in der 1931 eröffneten Bar mixen. Über die Jahrzehnte schlürften in den Art-déco-Nischen viele Stars ihren Drink. Auch Restaurant, nachts Live-Konzerte.

Diskotheken

Tanz-Theater – **Joy Madrid: ■ Karte 2, D 5,** Arenal 11, www.joy-eslava.com, Metro: L 1, 2, 3 Sol, L 2, 5 Ópera, Mo–So 23.30–6 Uhr, Eintritt: 18 € inkl. Getränk; Fr, Sa ab 19 Uhr bei Live-Konzerten. In den schönen Räumlichkeiten eines Theaters von 1872 schwingt heute die bunte Madrider Disco-Szene das Tanzbein.

Junges Publikum – **Kapital: ■ Karte 2, F 7,** Atocha 125, www.grupo-kapital.com, Metro: L 1 Atocha, Do–So 24–6, Fr, Sa auch 17.30–22.30 Uhr, 15 €. Eine Riesendisco – die Tanzflächen verteilen sich über mehrere Stockwerke, und es gibt unterhaltsame Karaoke-Sessions.

Eine Nacht am Fluss – **La Riviera: ■ A 7,** Paseo de la Virgen del Puerto s/n, www. salariviera.com, Metro: L 6 Puer-

Museales Ambiente, junges Publikum – die Taverne Ángel Sierra an der Plaza de Chueca

ta del Ángel, Bus 31 ab Plaza Puerta Cerrada, Fr, Sa und vor Feiertagen 0–6 Uhr Disco, bei Konzerten unter der Woche ab 22 Uhr, 15–30 €. Fast schon ein Klassiker der Madrider Nächte, unweit des Manzanares in einer jüngst fußgängerfreundlich gestalteten Gegend. Live-Konzerte, Musik und Tanz aller aktuellen Stilrichtungen, mehrere Barbereiche mit unterschiedlichem Ambiente.

Flamenco

Tablao im alten Stil – **Café de Chinitas: ■ Karte 2, C 5,** Torija 7, www.chinitas.com, Metro: L 2 Santo Domingo, Mo–Sa 20–24, Flamenco live um 20 und 22.30 Uhr, Eintritt 34 €. Das Restaurant mit Flamenco-Shows steht in der Tradition der typischen *tablaos* des 19. Jh.

Treffpunkt der jungen Gitano-Szene – **Cardamomo: ■ Karte 2, E 6,** Echegaray 15, Reservierung Tel. 913 69 07 57, www.cardamomo.es, Metro: L 2 Sevilla, Di–So 21.30–3.30, Konzertbeginn 22.30–23.30 Uhr, inkl. Getränk 32 €. Die schmale Kneipe mit langem Tresen und kleiner Bühne am Ende ist ein Treffpunkt der jungen Flamenco-Szene. Nette, entspannte Stimmung, s. auch S. 62.

Eine Flamenco-Nacht in Madrid – **Casa Patas: ■ Karte 2, E 6,** s. S. 61.

Der Klassiker – **Corral de la Morería: ■ Karte 2, C 6,** Morería 7, www.corraldelamoreria.com, Metro: L 5 La Latina, tgl. 20.30–2, Show 21 und 23 Uhr, Show-Eintritt 47–50 € inkl. Getränk. In diesem klassischen Tablao in der Nähe des Viadukts im Viertel Las Vistillas gibt's seit 1956 Flamenco-Darbietungen.

Im Stil eines Café Cantante – **Las Carboneras: ■ Karte 2, C 6,** Plaza del Conde de Miranda 1, www.tablaolascarboneras.com, Metro: L 1, 2, 3 Sol, Mo–Sa 21–24, Show Mo–Do 20.30, 22.30, Fr, Sa 20.30 u. 23 Uhr, ca. 33,50 € inklusive Getränk. Restaurant-Tablao im Souterrain des ehemaligen Palastes des Grafen von Miranda. Auf den Teller kommt Madrider Küche, zum ›Nachtisch‹ gibt es Flamenco.

Modern Flamenco – **Las Tablas: ■ C 4,** Plaza de España 9, Ecke Cuesta de San Vicente, www.lastablasmadrid.com, Metro: L 2, 3, 10 Plaza de España, tgl. 21–1, Flamenco live So–Do 22, Fr, Sa 20 u. 22 Uhr, 27 € inkl. Getränk. Zwei Tänzerinnen gründeten diesen Tablao, der sich dem authentischen Flamenco verschrieben hat, aber auch Platz für Experimente bietet.

Zurück zu den Anfängen – **Villa Rosa: ■ Karte 2, E 2,** Plaza Santa Ana 5, www.villa-rosa.es, Metro: L 1, Antón Martín, L 1, 2, 3 Sol, tgl. 20.30–21.30, 22.45–23.45, Fr, Sa zusätzliche Session um 0.15 Uhr, Eintritt inkl. Getränk 17 €. Das mit historischen Kachelbildern geschmückte Villa Rosa besinnt sich hundert Jahre nach seiner Eröffnung als *tablao flamenco* wieder seiner Ursprünge, nachdem es zwischenzeitlich eine Disco war. Livekonzerte mit den aktuellen Stars des Flamenco.

Jazz

Jazz hören und abtanzen – **Bogui Jazz: ■ F 4,** Barquillo 29, www.boguijazz.com, Metro: L 5 Chueca, L 2 Banco de España, Livekonzerte Do–Sa 22.30

Musikkultur im Literatenviertel – dafür steht seit langem das Populart

Kinowelten

Madrid ist Spaniens wichtigste Film-Produktionsstätte, hier arbeiten und leben international bekannte Regisseure wie Pedro Almodóvar. Ein Muss für Cineasten ist das alte kleine Jugendstilkino **Cine Doré** (■ **Karte 2, E 6/7,** Calle Santa Isabel 3, Metro: L 1 Antón Martín), das die Filmoteca Española (Spanische Kinemathek) beherbergt. Hier läuft ein anspruchsvolles Programm (Originale mit Untertiteln), im Sommer gibt's Freiluftkino im Innenhof.
Ein zweiter Tipp ist die **Manzana del Cine** (■ **C 4**), das ›Kino-Carré‹ zwischen Plaza de España, Plaza de los Cubos, Calle de la Princesa und Calle de Martín de los Heros mit den besten Programmkinos Madrids: Renoir, Princesa und Golem. Filmenthusiasten finden in der Fachbuchhandlung **Ocho y Medio** gegenüber dem Kino Golem in der Calle Martín de los Heros Bücher, DVDs, Poster und Geschenke rund um das Thema Kino. Auch optisch gibt sich der Straßenblock filmverliebt, u.a. mit den Sternen, die Pedro Almodóvar in seinem Werk »Carne Trémula« verwendete.
Bleibt das neu eröffnete Kulturzentrum **El Matadero (südl. A/B 8)** im einstigen Schlachthof unweit des Flusses zu erwähnen. In der dortigen **Cinemateca** laufen nicht-fiktionale und Dokumentarfilme (Plaza de Legazpi 8, www.cinematecamadrid.com, Metro: L 3, 6 Legazpi, Mi–So 19–21 Uhr, s. auch S. 70). Schon der Kinosaal und die ausgefallene Örtlichkeit des Kulturzentrums lohnen den Besuch !

und 23.30, Eintritt ab 10 €. Als Jazzclub ist das Bogui längst eine feste Größe im Madrider Nachtleben. Doch findet in den loftartigen Räumlichkeiten mehr statt: Do–Sa ab 1 Uhr legt ein DJ auf, bis in den frühen Morgen wird getanzt.

Kultort – **Café Central:** ■ **Karte 2, E 6,** Plaza del Ángel 10, www.cafecentralmadrid.com, Metro: L 1, 2, 3 Sol, L 1 Antón Martín, tgl. 13.30–2.30, Fr, Sa bis 3.30 Uhr, Eintritt bei Konzerten 10–15 €. Ein altes Café voller Spiegel, die vom früheren Laden für Spiegel und Bilderrahmen übrigblieben. Das Central mit seiner kleinen Bühne ist eine Madrider Jazz-Institution. Nächtliche Sets von 22 bis 24 Uhr in intimer Atmosphäre. Mit Restaurantbetrieb.

Treffpunkt der Jazzliebhaber – **Clamores:** ■ **E 2,** Alburquerque 14, www.salaclamores.com, Metro: L 1, 4 Bilbao, tgl. 18–3, Fr, Sa bis 4 Uhr, Eintritt für Live-Sessions ca. 8–15 €. Im stadtbekannten Jazzclub präsentieren sich vor allem. spanische Musiker. Das Beste aus 25 Jahren Clamores wurde sogar auf eine eigene CD gebrannt.

Musikgenuss am Tresen – **Populart:** ■ **Karte 2, E 6,** Huertas 22, www.populart.es, Metro: L 1, 2, 3 Sol, L 1 Antón Martín, tgl. 18–3, Fr, Sa bis 3.30 Uhr. Im Literatenviertel die Jazz-Adresse, wenn man einmal vom nicht allzu weit entfernten Café Central absieht. In dieser Kneipe treten jede Nacht Bands auf, teils stehen auch Blues-Interpreten auf der Bühne. Bei Live-Auftritten steigt der Getränkepreis.

Live-Musik

Wie 1920 in Berlin – **Berlín Cabaret:** ■ **Karte 2, C 6,** Costanilla de San Pedro 11, www.berlincabaret.com, Metro:

Klassik für feine Ohren

Was gibt es Schöneres, als an einem Sonntag unter dem blauen Himmel von Madrid in den Stadtpark zu gehen? Um 12 Uhr spielt an der Nordseite des Parks, im **Templete de Música** (■ **G 5,** Metro: L 2 Retiro), das Stadtorchester zu einem klassischen Konzert unter freiem Himmel auf, ganz umsonst, allerdings nur von Mitte Mai bis Anfang Oktober, mit einer Sommerpause im August.
Jeden Samstag um 12 Uhr können Sie die Klassik-Konzerte des Radio Nacional de España live erleben, und zwar in der ›Königlichen Kunstakademie‹ **Real Academia de Bellas Artes de San Fernando** (■ **Karte 2, E 5,** Alcalá 13, Metro: L 1, 2, 3 Sol, s. S. 80). Im **Auditorio Nacional de Música** (▶ nördl. J 1, Príncipe de Vergara 146, www.auditorionacional.mcu.es, Metro: L 9 Cruz de Rayo), dem Sitz des spanischen Nationalorchesters, gibt es von Okt. bis Juni jeden Fr und Sa nachmittags und So vormittags Sinfoniekonzerte und Kammermusik *(sala sinfónica)* und von Okt. bis Mai immer Di und Do nachmittags Kammermusik *(sala de cámara)*.

L 5 La Latina, Mo–Sa 23–5/6 Uhr. Ein bisschen ›Berlin der 1920er-Jahre‹ in Madrid: Es gibt Kabarett, Live-Musik und andere Kulturevents.

Cocktails mit Livmusik – **Café Berlín:** ■ **Karte 2, D 5,** Jacometrezo 4, www.berlincafe.es, Metro: L 3, 5 Callao, Mo–Do 22.30–1.30, Fr, Sa bis 5.30, Konzertbeginn 23/23.30 Uhr, Karten 6–10 €. Ein typischer Nachtclub, in dem es fast täglich Livemusik gibt – Funk, Soul, Flamenco, Fusion, Jazz. Dazu nippt man an Cocktails.

Weltmusik – **Café de La Palma:** ■ **D 3,** Palma 62, www.cafelapalma.com, Metro: L 2, 3, 10 Noviciado, tgl. 16–3.30 Uhr, Konzerte ab 5 €. Mehrere Räume mit unterschiedlichem Ambiente, in denen man sich wahlweise zu den neuesten elektronischen Rhythmen bewegt, zu arabischen Klängen und in arabischem Dekor chillt oder den Live-Konzerten lauscht.

Entspannter Szene-Treff – **El Juglar:** ■ **Karte 2, E 7,** Lavapiés 37, www.salajuglar.com, Metro: L 3 Lavapiés, tgl. 21–3.30 Uhr, bei Live-Auftritten 6–12 € Eintritt. In der Szene von Lavapiés beliebte Kneipe mit einem kleinen Saal für Live-Konzerte. Jazz, Flamenco und afrikanische Musik stehen hier mit Vorliebe auf dem Programm. Angenehmes Flair.

Für Nachteulen – **El Junco:** ■ **E/F 3,** Plaza de Santa Bárbara 10, www.eljunco.com, Metro: L 4, 5, 10 Alonso Martínez, tgl. 23–6 Uhr, Eintritt 6 €. Ein Refugium für Schlaflose, die hier nachts den Live-Bands lauschen – vor allem Jazz, Funk oder Soul – im Wechsel mit DJ-Auftritten. Jam-Sessions So und Di um 23.30 Uhr.

Am Puls der Stadt – **El Sol:** ■ **Karte 2, E 5,** Jardines 3, www.elsolmad.com, Metro: L 5 Gran Vía, L 1, 2, 3 Sol, Di–Sa 24–5.30 Uhr, bei Live-Konzerten ab 23.30 Uhr, Eintritt: ab 12 € inkl. Getränk, bei einigen Konzerten wird ein Aufschlag erhoben. Das Sol gehört seit langem zu den Tempeln des Madrider Nachtlebens. Beste Musik, Live-Auftritte spanischer Bands, gute DJs, große Tanzfläche.

Salsa und Merengue – **El Son:** ■ **Karte 2, E 6,** Victoria 6, www.discotecaelson.com, Metro: L 1, 2, 3 Sol, tgl. 21–6 Uhr, Eintritt 15 €. Latin Music ist hier Trumpf, cubanische Klänge, Salsa und Merengue – daher der Name. Legeres Ambiente, gute Stimmung. Hier wird gern die Nacht durchgetanzt. Mo–Do Live-Musik, außer im Sommer.

Es lebe der Rock – **Honky Tonk:** ■ **E 3,** Covarrubias 24, www.clubhonky.com, Metro: L 4, 5, 10 Alonso Martínez, tgl. 21.30–5 Uhr, Eintritt ab 9 €. Eines der ältesten Madrider Rocklokale, benannt nach einem Song der Rolling Stones. Man hört aber auch Blues und Country – und lässt es sich dazu im Restaurant gut gehen.

A la Brasileña – **Kabokla:** ■ **D 3,** San Vicente Ferrer 55, www.kabokla.es, Metro: L 2, 3, 10 Noviciado, Di–Do 22–1, Fr 18–2/3, Sa 14.30–18.30, 22.30–2/3, So 14.30–22.30 Uhr. Brasilien in Madrid, Eintauchen ins multikulturelle Ambiente. Hierher kommt man, um Samba oder Farró (Provenienz: Bahía) zu tanzen – oder zu lernen. Fr gibt es auch Abendessen, Sa, So Mittagessen.

Heiße Nächte ›im Wolfsschlund‹ – **La Boca del Lobo:** ■ **Karte 2, E 6,** Echegaray 11, www.labocadellobo.com, Metro: L 2 Sevilla, tgl. 22.30–3/3.30 Uhr, bei Live-Musik ca. 6 € Eintritt. Ein Refugium der intellektuellen Bohème und aus dem Viertel Huertas nicht wegzudenken. Der ›Wolfsschlund‹ ist eng, verwinkelt, intim, rund um die kleine Bühne geht die Post ab, während Live-Bands spielen, ein bunter Musikmix von Rock über Jazz, Flamenco, Salsa, Mambo bis zu Swing.

Cuba live – **La Negra Tomasa:** ■ **Karte 2, E 6,** Espoz y Mina, Ecke Cádiz, www.lanegratomasa.com, Metro: L 1, 2, 3 Sol, Mo–Fr 13.30–3, Sa, So bis 5 Uhr. Ein ›Havana Club‹, die Wände schmücken Fotos und Bilder der Karibikinsel. Etwas für Liebhaber cubanischer Cocktails und Musik. Di–So Live-Auftritte gegen 23.30 Uhr, kleine Gerichte kosten 5–10 €.

Multikulturelle Nächte – **Sala Caracol:** ■ **E 8,** Bernardino Obregón 18, www.salacaracol.com, Metro: L 3, 5 Embajadores, L 3 Lavapiés, Palos de la Frontera, Di–So 21–3 Uhr 10–15 € je nach Gruppe. Ein Klassiker der Madrider Nächte mit vielen Live-Konzerten aller aktuellen Musikrichtungen aus Spanien und aller Welt.

Schwul & Lesbisch

Der Männer-Treff in Chueca – **Café Acuarela:** ■ **E 4,** Gravina 8, Metro: L 5 Chueca, tgl. 11–2.30/3 Uhr. Das kleine ruhige Café mit einem Hauch Nostalgie und barocker Putten-Deko ist ein beliebter Gay-Treff.

Gay-Café – **Café Figueroa:** ■ **E 4,** Augusto Figueroa 17, Metro: L 5 Chueca, 17–24, Fr, Sa bis 2.30 Uhr. Madrids ältestes Gay-Café, für Männer aller Altersgruppen, veranstaltet auch Partys.

In-Treff der Lesben – **El Truco:** ■ **E 4,** Plaza de Chueca 10, Metro: L 5 Chueca, tgl. 21–2.30, Fr, Sa bis 5 Uhr. Bei Lesben beliebter Disco-Pub. Ein großes Plus ist die Außenterrasse auf dem Viertelsplatz von Chueca.

Junge Homo-Szene – **XXX Café:** ■ **Karte 2, E 5,** Gran Vía 16, Eingang Clavel/Reina, Metro: L 1, 5 Gran Vía, tgl. 13–1.30, Fr, Sa bis 2.30 Uhr. Café und Kneipe mit guter Live-Musik. Hierher zieht es die jüngere Homo-Szene.

Sprachführer Spanisch (Kastilisch)

Ausspracheregeln

Wörter, die auf Vokal, n oder s enden, werden auf der vorletzten Silbe betont, alle anderen auf der letzten Silbe. Von diesen Regeln abweichende Betonungen verdeutlicht ein Akzent (z. B. teléfono). Treffen zwei Vokale aufeinander, so werden beide einzeln gesprochen (z. B. E-uropa).

c vor a, o, u wie k, z. B. casa, vor e, i wie englisches th, z. B. cien
ch wie tsch, z. B. chico
g vor e, i wie deutsches ch, z. B. gente
h wird nicht gesprochen
j wie deutsches ch, z. B. jefe
ll wie deutsches j, z. B. llamo
ñ wie gn bei Champagner, z. B. niña
qu wie k, z. B. porque
y wie deutsches j, z. B. yo (außer am Wortende)
z wie englisches th, z. B. azúcar

Allgemeines

guten Morgen/Tag	buenos días
guten Tag (nachmittags)	buenas tardes
guten Abend/ gute Nacht	buenas noches
auf Wiedersehen	adiós
Entschuldigung	disculpe, perdón
hallo, grüß dich/Sie	hola, ¿qué tal?
bitte	por favor
danke	gracias
herzlichen Dank!	muchas gracias
ja/nein	sí/no
Wie bitte?	¿perdón?

Unterwegs

Bahnhof	la estación
Flughafen	el aeropuerto
Bus/U-Bahn/Auto	autobús/metro/coche
Haltestelle	la parada
Parkplatz	el aparcamiento
Fahrkarte	el billete
Tankstelle	la gasolinera
Eingang	la entrada
Ausgang/-fahrt	la salida
rechts	a la derecha
links	a la izquierda
geradeaus	todo recto
hier/dort	aquí/allí
Auskunft	información
Stadtplan	mapa de la ciudad
Postamt	correos
geöffnet	abierto/-a
geschlossen	cerrado/-a
Kirche	la iglesia
Museum	el museo
Strand	la playa
Straße	la calle
Platz	la plaza

Übernachten

Hotel/Pension	el hotel/la pensión
Einzelzimmer	habitación individual
Doppelzimmer	habitación doble
mit/ohne Bad	con/sin baño
Balkon	el balcón
Toilette	el servicio
Dusche/Bad	la ducha/el baño
mit Frühstück	con desayuno
Halbpension	media pensión
Gepäck	el equipaje
Handtuch	la toalla
Rechnung	la cuenta

Einkaufen

kaufen	comprar
Geschäft/Markt	la tienda/el mercado
Supermarkt	el supermercado
Geld	el dinero
Geldautomat	el cajero automático
bar	en efectivo
Kreditkarte	la tarjeta de crédito
Lebensmittel	la comida
teuer/billig	caro/barato
Wie viel?	¿cuánto?
bezahlen	pagar

Notfall

Apotheke	farmacia
Arzt/Zahnarzt	el médico/el dentista
Hilfe!	¡socorro!
Krankenhaus	el hospital, la clínica
Polizei	la policía
Schmerzen	dolores
Unfall	el accidente

Zeit, Wochentage

Stunde	la hora
Tag	el día
Woche	la semana
Monat	el mes
Jahr	el año
heute	hoy
gestern	ayer
morgen	mañana
morgens	por la mañana
mittags	a mediodía
nachmittags	por la tarde
abends/nachts	por la noche
früh, spät	temprano, tarde
Montag	lunes
Dienstag	martes
Mittwoch	miércoles
Donnerstag	jueves
Freitag	viernes
Samstag	sábado
Sonntag	domingo

Zahlen

1	uno	17	diecisiete
2	dos	18	dieciocho
3	tres	19	diecinueve
4	cuatro	20	veinte
5	cinco	21	veintiuno
6	seis	30	treinta
7	siete	40	cuarenta
8	ocho	50	cincuenta
9	nueve	60	sesenta
10	diez	70	setenta
11	once	80	ochenta
12	doce	90	noventa
13	trece	100	cien
14	catorce	150	cientocincuenta
15	quince	200	doscientos
16	dieciséis	1000	mil

Die wichtigsten Sätze

Allgemeines
Sprechen Sie Deutsch/Englisch? ¿Habla usted alemán/inglés?
Ich verstehe nicht. No entiendo.
Ich spreche kein Spanisch. No hablo español.
Ich heiße … Me llamo …
Wie heißt du/heißen Sie? ¿Cómo te llamas/se llama?
Wie geht es dir/Ihnen? ¿Cómo estás/está usted?
Danke, gut. Muy bien, gracias.
Wie viel Uhr ist es? ¿Qué hora es?

Unterwegs
Wie komme ich zu/nach …? ¿Cómo se llega a …?
Wo ist …? ¿Dónde está …?
Könnten Sie mir bitte … zeigen? ¿Me podría enseñar …, por favor?

Notfall
Können Sie mir bitte helfen? ¿Me podría ayudar, por favor?
Ich brauche einen Arzt. Necesito un médico.
Hier tut es mir weh. Me duele aquí.

Übernachten
Haben Sie ein freies Zimmer? ¿Hay una habitación libre?
Wie viel kostet das Zimmer pro Nacht? ¿Cuánto vale la habitación al día?
Ich habe ein Zimmer bestellt. He reservado una habitación.

Einkaufen
Wie viel kostet …? ¿Cuánto vale …?
Ich brauche … Necesito …
Wann öffnet/schließt …? ¿Cuándo abre/cierra …?

Kulinarisches Lexikon

Getränke (bebidas)

agua (con/sin gas)	Wasser (mit/ohne Kohlensäure)
batido	Milchshake
café con leche	Milchkaffee
café cortado	Espresso mit Milch
café solo	Espresso
caña	gezapftes Bier
champán	Sekt
chocolate	Kakao
cerveza	Bier
fino	Sherry
granizado	zerstoßenes Eis mit Sirup
horchata	Erdmandelmilch
té	Tee
vino blanco/tinto/ rosado	Weiß-/Rot-/Roséwein
zumo	Saft
zumo de naranja al natural	frisch gepresster Orangensaft

Typische Tapas

aceitunas	Oliven
ahumados	geräucherter Fisch
albóndigas	Fleischbällchen
almejas	Venusmuscheln
anchoas	Anchovis
bocadillo/bocata	belegtes Brötchen
boquerones en vinagre	eingelegte Sardellen
calamares	Tintenfische
callos	Kutteln
canapés	belegte Schnittchen
caracoles	Schnecken
champiñones	Champignons
chipirones	Mini-Tintenfische
chorizo	Paprikawurst
cocido	Eintopf
croquetas	Kroketten
embutidos	Wurstwaren
gambas	Garnelen
jamón serrano	Gebirgsschinken
jamón Ibérico	Iberischer Schinken (Spezialität)
mejillones	Miesmuscheln
montado	kleines belegtes Brötchen
ostras	Austern
patatas bravas	scharf gebratene Kartoffeln
paté	Pastete
pincho moruno	Fleischspieß
pulpo	Oktopus, Krake
queso	Käse
sepia	Tintenfisch
tortilla de patatas	Kartoffelomelett

Fisch und Meeresfrüchte (pescado y marisco)

atún	Thunfisch
bacalao	Stockfisch
besugo	Seebrasse
bogavante	Hummer
bonito	kleine Thunfischart
caballa	Makrele
cangrejo	Krebs
cigala	kleine Languste
dorada	Dorade
langostinos	Riesengarnelen
lenguado	Seezunge
merluza	Seehecht
mero	Zackenbarsch
pez espada	Schwertfisch
rape	Seeteufel
rodaballo	Steinbutt
salmón	Lachs
trucha	Forelle

Fleisch (carne)

asado	Braten/gebraten
aves	Geflügel
bistec	Beefsteak, Steak
buey	Ochse, Rind
cerdo	Schwein
chuleta	Kotelett
cochinillo	Spanferkel
conejo	Kaninchen
cordero	Lamm
escalope	Schnitzel
estofado	Schmorfleisch
filete	Filet
jabalí	Wildschwein
pato	Ente
pollo	Hühnchen
rabo de toro	Stierschwanz

solomillo	Filet
ternera	Kalb, Rind
vaca	Rind, Kuh

Gemüse (legumbres, verduras)

aguacate	Avocado
ajo	Knoblauch
alcachofa	Artischocke
berenjena	Aubergine
calabacín	Zucchini
cebolla	Zwiebel
ensalada	Salat
espárragos	Spargel
espinacas	Spinat
garbanzos	Kichererbsen
guisantes	Erbsen
hongos/setas	Pilze
judías verdes	grüne Bohnen
lechuga	grüner Blattsalat
lentejas	Linsen
patatas	Kartoffeln
pepino	Gurke
pimiento	Paprikaschote
puerro	Lauch
tomates	Tomaten
zanahorias	Möhren

Obst (fruta)

cerezas	Kirschen
fresas	Erdbeeren
manzana	Apfel
melocotón	Pfirsich
naranja	Apfelsine
piña	Ananas
plátano	Banane
uvas	Trauben

Nachspeisen (postres)

arroz con leche	Milchreis
crema catalana	Pudding mit karamelisierter Zuckerkruste
flan	Karamelpudding
helado	Eis
pastel	Kuchen, Gebäck
sorbete	Sorbet
tarta (de queso)	Käsekuchen
tocino de cielo	Paradiesspeise

Zubereitungen

al ajillo	in Knoblauchsoße
a la parilla	auf einer heißen Metallplatte gegrillt
a la plancha	gegrillt
al horno	aus dem Ofen
asado/-a	gebraten/geschmort
en escabeche	mariniert
en salsa	in Soße
frito/-a	frittiert
guisado/-a	geschmort

Im Restaurant

Ich möchte einen Tisch reservieren. Quisiera reservar una mesa.
Die Speisekarte, bitte. La carta, por favor.
Weinkarte la carta de vinos
Die Rechnung, bitte. La cuenta, por favor.
Kellner/Kellnerin camarero/camarera
Frühstück desayuno
Mahlzeit/Essen la comida
Abendessen la cena
Häppchen, Portion la tapa, la ración
Vorspeisen entremeses
Hauptgericht el plato principal, el plato segundo
Nachspeise el postre
Tagesgericht menú del día
vegetarische Kost comida vegetariana
Messer, Gabel el cuchillo, el tenedor
Löffel, Teelöffel la cuchara, cucharilla
Glas, Flasche el vaso, la botella
Zucker, Süßstoff el azúcar, la sacarina
Salz, Pfeffer la sal, la pimienta

Register

Unterwegs mit den Autoren

Manuel García Blázquez ist seit seinem 16. Lebensjahr in Madrid zu Hause. Als freier Journalist schreibt er unter anderem über viele Madrid-Themen und ist bei den aktuellen Entwicklungen immer auf dem Laufenden. Maria Anna Hälker lernte die Metropole erst durch ihn und seine Freunde richtig kennen, als sie hier selbst ein Jahr lang lebte. Seitdem zieht es sie immer wieder zurück in ihre spanische Lieblingsstadt. Beide haben auch das Reise-Taschenbuch »Madrid« für den DuMont Reiseverlag geschrieben.

Abbildungsnachweis:
García Blázquez, Manuel, Madrid: S. 9, 15, 30, 44, 64, 66, 92, 98
Hotel de las Letras, Madrid: S. 89
Huber, Garmisch: Titelbild (Kaos03)
laif, Köln: S. 82 (Arcaid/Cornish); 39 (Barea); 10 (González); 53, 56, Umschlagrückseite (hemis.fr); 74 (hemis.fr, Borgese); 42, 47, 72, 77 (hemis.fr, Hughes); 11, 28, 84/85 (Hilger); 107 (Knechtel); 55, 97, 104 (Le Figaro Magazine, Navarro); 4/5 (Raach); 67 (REA, Fourmy); Umschlagklappe vorn (laif/Sudres); 51 (Stukhard); 7, 26/27, 90, 95, 108 (Tophoven); 33, 60, 73 (Westrich)
Mauritius Images, Mittenwald: S. 69 (Boensch); 37 (Imagebroker/White Star/Mateo); 81 (Seba)
Museo Nacional Centro de Arte Reina Sofá, Madrid: S. 50
Room Mate Mario, Madrid: S. 86
Serrano, Alonso, Madrid: S. 61, 101, 120
White Star, Hamburg: S. 59 (Gumm)

Kartografie:
DuMont Reisekartografie, Fürstenfeldbruck

Umschlagfotos
Titelbild: Blick durch die Calle Postas und einen der Torbögen auf die historische Plaza Mayor
Umschlagklappe vorn: Bäckerei in der Calle de Latoneros

Hinweis: Autoren und Verlag haben alle Informationen mit größtmöglicher Sorgfalt geprüft. Gleichwohl sind Fehler nicht vollständig auszuschließen. Alle Angaben erfolgen ohne Gewähr. Bitte, schreiben Sie uns! Über Ihre Rückmeldung zum Buch und Verbesserungsvorschläge freuen sich Autoren und Verlag:
DuMont Reiseverlag, Postfach 3151, 73751 Ostfildern,
info@dumontreise.de, www.dumontreise.de

2., aktualisierte Auflage 2013

Grafisches Konzept: Groschwitz/Blachnierek, Hamburg
Printed in Germany